Peter Buchenau

MACH, WAS DEIN HERZ DIR SAGT

Peter Buchenau

MACH, WAS DEIN HERZ DIR SAGT

Lebe deine Persönlichkeit und
hinterlasse Spuren

Bibliografische Information der Deutschen Nationalbibliothek
Die Deutsche Nationalbibliothek verzeichnet diese Publikation
in der Deutschen Nationalbibliografie; detaillierte bibliografische
Daten sind im Internet über *http://dnb.dnb.de* abrufbar.

metro**politan** – ein Imprint des Walhalla Fachverlags

1. Auflage 2018
© Walhalla u. Praetoria Verlag GmbH & Co. KG, Regensburg
Produktion: Walhalla Fachverlag, Regensburg
Umschlaggestaltung: init Kommunikationsdesign, Bad Oeynhausen
Printed in Germany
ISBN 978-3-96186-012-8

Inhalt

„First never follows!" – Der Erste folgt nie! . . . .　7

Ich kam, sah und schrieb! . . . .　12

Vorwort von Stéphane Etrillard . . . .　17

1　Regeln, Richtlinien und Normen . . . .　21

2　Folge deiner Spur, um Spuren zu hinterlassen! . . . .　37

3　Die Performer-Methode . . . .　115

4　Wissen vermehrt sich, wenn man es teilt! . . . .　195

„First never follows!" – Werden Sie selbst der Erste! . . . .　199

Danke . . . .　202

„First never follows!" – Der Erste folgt nie!

Die letzten Vorbereitungen werden getroffen. Ich prüfe den perfekten Sitz meiner Skier – check, Bindung – check, Helm sitzt – check, Lawinenwarngerät ein – check, alle Reißverschlüsse an meiner Skijacke zu – check, Skirucksack zu – check. In wenigen Minuten geht hinter dem gegenüberliegenden Berggipfel die Sonne auf. Es ist 7:45 Uhr an einem kalten Märzmorgen, das Thermometer an meiner Skijacke zeigt (minus) 22 Grad Celsius. Ich stehe mit meinem Freund Martin an der Nordflanke des 3244 Meter hohen Wildstrubels. Auf der abgewandten Südseite erstreckt sich der Aletschgletscher, mit 22,75 km Länge der größte Gletscher in den Alpen. Doch unser Ziel ist die Nordabfahrt. Vor uns 1300 Höhenmeter unberührte weiße Hänge, darauf wartend, von uns „entjungfert" zu werden. – Jetzt schmunzeln Sie sicher oder schauen fragend auf dieses Wort. Hier die Erklärung: So nennen Tourenskifahrer die Erstabfahrt in unberührten Schneehängen. – Kein anderer Tourenskigeher hat diese Nordabfahrt seit dem Schneefall der vergangenen Tage vor uns befahren. Das Lawinenrisiko war zu groß. Doch nun, zwei Tage danach, hat sich die Wetter- und Schneelage stabilisiert. Das Risiko ist überschaubar. 30 cm tiefer, reiner Pulverschnee auf ca. 2 Meter Altschneeunterlage erwartet uns. Sobald die Sonne den auf der anderen Talseite liegenden Berggipfel überstiegen hat, werden Martin und ich in diese unberührten, weißen Hänge eintauchen und dort als erste unsere Spuren hinterlassen. Mein Herz klopft bis zum Hals. Erwartung und Freude machen sich breit. Jeden Moment ist es soweit.

Doch Stopp – so, wie es im Leben nun einmal ist, kommt erst die Arbeit, dann das Vergnügen. Bevor wir fröhlich den Hang hinabfahren können, ist Einiges zu tun. Schon um 3 Uhr morgens schrillte zunächst der Wecker im Berggasthaus und holte uns zügig aus dem Tiefschlaf. Erstmal also raus aus den Federn, rein in die Klamotten und raus in die Kälte. Vom Berggasthof aus haben wir uns ab 3:30 Uhr noch im Dunkeln, mit Taschenlampe auf dem

Helm auf den Weg gemacht. Schritt für Schritt, immer im gleichen Tempo, einem gemeinsamen Rhythmus folgend, stiegen wir mit unseren Tourenskiern auf. Mühsam bahnten wir uns an diesem frühen Morgen unseren Weg durch die Kälte. Knapp vier Stunden haben wir für die 1300 Höhenmeter von der Engstligenalp bis zum Gipfel gebraucht. Auf dem Gipfel angekommen haben wir uns einen heißen Tee und zwei kleine Eiweißriegel gegönnt. Gern hätten wir etwas länger verweilt, doch zu lange darf die Pause nicht sein, denn die Gefahr, auszukühlen, ist zu groß. Durch den Aufstieg sind alle unsere Muskeln warm, gedehnt und somit bereit für die Abfahrt. Eine Verletzung, einen Muskelfaserriss oder einfach nur eine Überdehnung hätte in dieser Höhe und Abgeschiedenheit nur eine Antwort zur Folge: eine Rettung per Rega, der Schweizer Rettungsflugwacht. Der Berg und die Abfahrt durch das wundervolle Weiß sind unser Ziel. Wir atmen noch einmal tief durch, genießen die Sonne, die alles um uns in einer einzigartigen Pracht erstrahlen lässt. Die hellgelben Strahlen treffen mein Gesicht. Es fühlt sich mit einem Schlag um 10 Grad wärmer an. Was für ein atemberaubendes Bild! Strahlend blauer Himmel, der weiße Schnee, die absolute Ruhe. All das gibt uns ein Gefühl der uneingeschränkten Freiheit. Wir genießen es für einen kurzen Moment. Doch nun wird es ernst. Ein letzter Blick zu Martin, ein kurzes Kopfnicken und los.

Die ersten drei, vier, fünf Schwünge sind noch etwas eckig, kantig, noch nichts ist im Fluss, aber nun spüre ich die Leichtigkeit des Seins. Die richtige Geschwindigkeit und auch Schwungrhythmus sind schnell gefunden. Nun ist es fast wie fliegen, ich schwebe. Es ist ein Traumzustand, eine Trance. Ich vergesse alles um mich herum und ziehe einfach nur meine Spur in den unberührten, weißen Schneehang. Die Augen auf die Abfahrt gerichtet, voll konzentriert, Schwung für Schwung. Vergessen sind die Strapazen des Aufstiegs. Mein Atem verbindet sich rhythmisch mit meinen Bewegungen. Nun sind Atmung, Skier, Körper und der Schnee eins. Nebenbei erblicke ich im Augenwinkel Martin. Auch er zieht genüsslich seine Spur in den Schnee. Jetzt nur nicht aufhören, nicht anhalten und stehenbleiben, den Rhythmus des Lebens beibehalten, so lange es nur irgendwie geht. Ich merke, wie meine Muskeln anfangen zu schmerzen, doch das Gefühl des Flows, des Schwebens, lässt die Schmerzen zur Nebensache werden. Nur 25 Minuten nach dem Start auf dem Wildstrubel haben wir es geschafft. Wir kommen beide, ohne einen

Sturz, erschöpft am Talboden der Engstligenalp an. Zufrieden und überglücklich klatschen wir uns ab und bedanken uns für diesen unvergesslichen Ritt.

20 Minuten später haben wir so viel Abstand vom Berg, dass wir unsere Spuren im Schnee begutachten können. Mit dem Fernglas schauen wir unsere Spuren an. Vom 3244 Meter hohem Gipfelplateau bis hinunter in den Talboden. Wir beide, Martin und ich, haben unsere Spuren gelegt. Kein anderer Tourenskigänger kann bis zum nächsten Schneefall die erste Spur legen. Alle Kollegen, die heute oder morgen auch auf den Wildstrubel aufsteigen werden, können nur unserer Spur folgen. Wir waren die Ersten und haben unsere Spuren hinterlassen. Spuren, die für alle Skifahrer und Nichtskifahrer sichtbar sind. Was für ein tolles Gefühl! Im Gasthaus angekommen gibt es erst einmal eine warme, zünftige Mahlzeit. Am Nachbartisch vernehmen wir Bewunderung. Die dort sitzenden Skifahrer unterhalten sich über die beiden Skifahrer, die heute Morgen vom Wildstrubel abgefahren sind. Diese Anerkennung macht uns innerlich sehr stolz – „Wenn die wüssten!"

Diese Geschichte soll Ihnen, verehrte Leserinnen und Leser, Mut machen. Mut, eigene Spuren zu hinterlassen. Die wichtigste Erkenntnis dafür ist aufzuhören, anderen zu folgen. Wer immer nur anderen hinterherrennt, setzt keine eigenen Schritte, hinterlässt keine eigene Spur. Dieser Mensch ist und bleibt immer ein Verfolger, Nachahmer oder Kopierer. Das ist auch in der Eltern-Kind-Beziehung so. Erst wenn die Kinder aufhören zu folgen, sich ihrer eigenen Wünsche und Ziele klar sind, werden sie auf eigenen Beinen stehen und ihr eigenes Leben leben.

Verstehen Sie mich bitte richtig. Bis zu einem gewissen Zeitpunkt ist es wichtig und auch richtig anderen zu folgen. Wir Menschen lernen daraus, egal ob sie nun dem Skilehrer und Bergführer oder Kinder ihren Eltern folgen. Das Folgen ist essentiell für unsere persönliche Entwicklung, prägt, lehrt und lenkt uns. Aber ab einem gewissen Zeitpunkt muss jeder Mensch für sich entscheiden, ob er eigene Wege geht. Gute Lehrer, egal ob Eltern, Skilehrer oder Mönche, lassen ihre Schüler irgendwann ziehen und geben ihnen den nötigen Raum, eigene Wege zu gehen und eigene Erfahrungen zu machen.

Das ist auch in vielen Ausbildungsberufen so. Nach den Lehrjahren sehen es Handwerker sehr gerne, dass ihre Lehrlinge erst einmal in einen anderen Betrieb gehen. Im eigenen Ausbildungsbetrieb werden sie immer der Lehrling sein, egal wie gut sie auch sind. Beim Beruf des Zimmermanns ist es Brauch, das bekannte Umfeld zu verlassen und auf Wanderschaft – die Walz – zu gehen, sich mit Neuem, Unbekannten auseinanderzusetzen und zu lernen. Ziel ist es auch hier, dass die ehemaligen Lehrlinge lernen, ihrer eigenen Intuition zu vertrauen, Neues wahrzunehmen, eigene Entscheidungen zu treffen und somit auf eigenen Füßen zu stehen. Auf eigenen Füßen zu stehen ist übrigens die Grundvoraussetzung, um Spuren zu hinterlassen. Hierzu fällt mir der neue Slogan von ADIDAS ein: „First never follows!" was übersetzt bedeutet „Der erste folgt niemandem". Ist das nicht stark? Da hat wirklich jemand gut nachgedacht und war richtig kreativ. Für mich ist dieser Slogan der stärkste Slogan, der je in der Werbeszene erdacht wurde. Kompliment!

Neben dem Loslassen soll diese Geschichte auch zeigen, dass zum Teil enorme Anstrengungen wichtig für die eigene Entwicklung sind, um einen eigenen Weg zu gehen und um Spuren zu hinterlassen. Auf dem Weg zum Erfolg, in diesem Fall der Abfahrt im unberührten Schnee, gibt es keine Abkürzungen. Sie dürfen sich Ihren Weg schon selbst erarbeiten. So wie Martin und ich, die wir zuvor gut vier Stunden auf den Wildstrubel aufgestiegen sind. Es gibt an Bergen ganz klare Aufstiegsrouten. Abkürzungen können in den Bergen tödlich enden und Sicherheit geht immer vor. Und schlussendlich waren die vier Stunden Aufstieg nur das letzte Teilstück eines harten Weges. Zuvor hatten wir ganz massiv an unserer Beweglichkeit und Kondition gearbeitet. Auch Tiefschneefahren lernt man nicht von einem auf den anderen Tag. Um solch eine Herausforderung zu meistern, bedarf es Jahre des Trainings. Wie oft sind wir in den Jahren zuvor im Tiefschnee gestürzt, haben uns Blessuren, Verstauchungen und Prellungen zugezogen. Und haben wir aufgehört? Nein, denn wir hatten einen Traum, den Traum zu den besten Tiefschneefahrern zu gehören und dieses Ziel zu erreichen. So sind wir nach jedem Sturz immer wieder aufgestanden. Genauso wie es ein Baby tut, das gerade Laufen lernt. Das Baby steht immer wieder auf, versucht es immer und immer wieder, bis es irgendwann nach hartem Üben zuerst einmal stehen kann. Danach kommt irgendwann der erste entscheidende Schritt, nach weiteren Stürzen die ersten Schritte, ein erster kurzer Weg, wenn auch zunächst noch unsicher und schwankend. Doch genau jetzt, wenn Ihr Baby schwankend auf Sie zuläuft, die ersten Schritte geht, erkennen Sie das Glück in seinem Gesicht. Es lacht von Herzen, es strahlt und ist überglücklich und erntet mit Sicherheit die volle Aufmerksamkeit und Anerkennung der Eltern. Babys gehen schon früh ihren eigenen Weg, natürlich zuerst unbewusst, aber dafür instinktiv. Nur durch stetes Ausprobieren, wieder aufrappeln und vor allem Durchhalten gelingt die erfolgreiche Entwicklung vom Baby zum Erwachsenen.

Nun, verehrte Leserinnen und Leser, lade ich Sie herzlich ein, selbst Spuren zu hinterlassen. Wenn Sie künftig von Herzen Ihren eigenen Weg gehen und somit auch eigene Spuren hinterlassen möchten, sollten Sie definitiv weiterlesen. Es lohnt sich für Sie! In den nächsten Kapiteln erkläre ich Ihnen, was Sie an Rüst-/Werkzeug benötigen, um Ihre Spur zu legen. Wertvolle, praxiserprobte Tipps und Beispiele werden ab sofort Ihr Begleiter und Wegweiser auf dem Weg zu sich selbst. Bildlich gesehen bin ich immer an Ihrer Seite – wie ein Bergführer, der Sie Ihre Stärken wahrnehmen lässt, um Ihre eigenen Schritte zu gehen und Sie ermutigt, die Herausforderungen mit Kraft, Mut anzunehmen und zu meistern.

Sie lernen mit mir und diesem Buch, wie aus Unsicherheit Selbstsicherheit wird. Wie Freiheit Ihnen hilft Ihre Persönlichkeit weiterzuentwickeln und zu festigen. In diesem Buch finden Sie Tipps, wie Sie die Ketten der persönlichen Abhängigkeiten sprengen und Ihre Unabhängigkeit feiern. Die nachfolgenden Geschichten zeigen Ihnen, wie Sie den zur Verfügung stehenden Raum optimal nutzen und kraftvoll Energie für Körper und Geist tanken. Schlussendlich werden alle Aktivitäten zur positiven Nachhaltigkeit in Ihrem Tun verankert. Denn selbst Goethe sagte schon: „Erfolg hat drei Buchstaben – TUN". Und haben Sie aufgepasst? Die Anfangsbuchstaben von **S**elbstsicherheit, **P**ersönlichkeit, **U**nabhängigkeit, **R**aum, **E**nergie und **N**achhaltigkeit ergeben das Wort **SPUREN**.

Viel Spaß beim Umsetzen!

Peter Buchenau

Ich kam, sah und schrieb!

Bereits als Kind wollte ich irgendwann ein Buch schreiben. Buchautoren waren Götter für mich und gefühlt „unerreichbar". Und so dachte ich eine sehr lange Zeit: „Peter, das schaffst du nie – ein Buch zu schreiben, geschweige denn zu veröffentlichen." Doch dann setzte ich mir dieses Ziel und alles fing mit einem ersten, geschriebenen Satz an, der blinkend auf dem Bildschirm meines Rechners erschien. Aus Gedanken formten sich Sätze, es reihte sich Buchstabe an Buchstabe, Ideen flossen ein, Absätze entstanden, Seiten füllten sich. Der erste Schritt auf meinem langen Erfolgsweg war getan. *Mach, was dein Herz dir sagt* ist mittlerweile mein 16. Buch.

Gebrauchsanweisung

Herzlichen Dank für Ihr Vertrauen, dass Sie in diesem Buch blättern oder es schon gekauft haben. Wie der Titel es schon vermuten lässt, fordert dieses Buch zum eigenen Handeln auf. Dazu ist allerdings eine gewisse, ernste und vor allem ehrliche Selbsteinschätzung nötig. Ziel ist es, Ihnen – verehrte Leserin und verehrter Leser – dabei behilflich zu sein, Ihren eigenen, authentischen Weg zu finden und zu gehen.

Das hört sich jetzt erst einmal ganz leicht an, doch birgt eine solche Reise die eine oder andere Herausforderung. Dennoch: Es lohnt sich für Sie! In diesem Buch finden Sie viele, inspirierende Geschichten von Menschen, die eingetretene Pfade verlassen haben und dadurch erfolgreich, glücklich und zufrieden geworden sind. Zusammen werden wir aktiv an der Umsetzung Ihrer Ziele arbeiten. Währenddessen werde ich Ihnen zur Seite stehen, um Sie zu unterstützen, zu ermutigen und zu fördern – immer mit dem Ziel, Ihnen den für Sie richtigen Weg aufzuzeigen und diesen im Anschluss mit Tatkraft zu begehen.

Bevor wir gemeinsam losgehen, ein kurzes Intro zum Arbeiten mit diesem Buch. Ich stelle Ihnen immer wieder Fragen und ich bitte Sie, diese wahrheitsgetreu, offen, ehrlich für sich selbst zu beantworten. Oft sind es einfache, geschlossene Fragen, die sie mit JA oder NEIN beantworten. Lautet Ihre Antwort NEIN, sollten Sie weiterlesen. Bei einem JA legen Sie das Buch getrost für ein paar Tage, Wochen oder Monate zur Seite. Sie werden dann von sich aus merken, wann es an der Zeit ist, dieses Buch wieder zur Hand zu nehmen.

BEISPIEL: **Sind Sie mit Ihrer jetzigen Lebenssituation glücklich und zufrieden?**

JA: Dann legen Sie das Buch zur Seite.
NEIN: Willkommen auf Ihrem Erfolgsweg! Ich begleite Sie gerne.

Warum soll(t)en Sie weitergehen, wenn Ihre Antwort NEIN ist? Das klingt für Sie vielleicht etwas ungewohnt. Aber genau darum geht es in diesem Buch. Neue Wege sind fremd, Sie sind sie bisher noch nie zuvor begangen. Etwas Ungewisses kann auf Sie zukommen, etwas Fremdes, ja etwas Neues. Allein diese Gedanken können schon befremdlich wirken. Ja, da gebe ich Ihnen in diesem Fall Recht. Hier geht es darum, das innere Feuer der Leidenschaft für sich wieder oder auch erst ganz neu zu entdecken. Ich kann von mir aus nur sagen, es macht mir Spaß neue Wege zu gehen, Neues zu entdecken, dadurch meinen Horizont zu erweitern.

Bei einem JA bleiben Sie im alten Muster und das genau will ich mit diesem Buch mit Ihnen durchbrechen. Alte Muster sind eingefahren, sind zur Routine geworden, die wir ohne zu denken abarbeiten und uns damit selbst unserer Kreativität berauben. Ein klares lautes NEIN zu Routine ist Ihr erster Schritt in die eigene Freiheit. Die Freiheit, Ihr Potenzial zu erkennen, weiterzuentwickeln und Ihren eigenen Weg zu gehen. Das bedeutet, Ihrer eigenen Kraft, Ihrer eigenen Intuition zu folgen.

Wozu es wichtig ist, Ihren eigenen Weg zu gehen?

Die Antwort ist einfach. Ihr eigener Weg sichert Ihr Überleben. In den nächsten Jahren werden radikale Veränderungen am Markt und in der Gesellschaft eintreten. Digitalisierung und Software werden viele bestehende Berufe ablösen. Laut einem Interview aus „Das Parlament" Ausgabe 16/17 vom 18.04.2017 hält die Professorin Sabine Jeschke in jeder Berufsbranche ein 80:20-Phänomen für wahrscheinlich: 80 Prozent der Arbeiten werden künftig von Automaten gemacht, 20 Prozent eher vom Menschen. Arbeiten und Geldverdienen wird somit ein Privileg. Wer künftig am digitalisierten Markt zu den privilegierten Menschen gehören möchte, das heißt Arbeit zu haben und somit Geld verdienen zu können, muss seinen eigenen Weg gehen, muss sich verändern zur Marke ICH, muss zur unaustauschbaren und unverwechselbaren Persönlichkeit werden.

Persönlichkeit hat viel mit Präsenz und Wirkung zu tun. Alle drei stehen im direkten Einklang. Präsenz ist in meinen Augen die Anziehungskraft, die eine Person in Anwesenheit der Gegenwart ausstrahlt. Präsenz ist weder Vergangenheit noch Zukunft. Präsent sein kann man nur im Hier und Jetzt. Den erwünschten oder unerwünschten Effekt, der durch die Präsenz des Menschen entsteht, nennt man Wirkung.

FRAGE: Sind Sie sich Ihrer Wirkung, Ihrer Präsenz, Ihrer Persönlichkeit bewusst?

Ist Ihre Antwort JA, erlauben Sie mir die Frage: Wozu haben Sie sich dieses Buch gekauft? Notieren Sie nachfolgend Ihre Antwort.

Ist Ihre Antwort NEIN, wird Ihnen das Buch helfen, mehr Wirkung und Präsenz zu erlangen. Denn nur wenn Sie präsent sind, wirken Sie! Und nur wenn Sie wirken, werden Sie zur Marke ICH – zur Persönlichkeit, und nur dann können Sie nachhaltig positive Spuren hinterlassen. Wer die Chance verpasst, sich zur Persönlichkeit zu entwickeln, verschwindet dank Anpassung und fehlender Präsenz in der grauen Masse. Das ICH, das Individuum, die Persönlichkeit wird einem Prozess unterworfen und vergeht, verblüht und stirbt.

Ein Blick in die Zukunft ...

In einer Studie der Universität Oxford aus dem Jahr 2013 kommen die Ökonomen Carl Frey und Michael Osborne zu dem Schluss, dass bis 2030 rund 47 Prozent aller Arbeitsplätze in den USA der Automatisierung zum Opfer fallen könnten. Während etwa Sozialarbeiter oder Handwerker weniger gefährdet sind, ist das Risiko, ersetzt zu werden, für Beschäftigte in den Bereichen Finanzen, Verwaltung, Logistik, Spedition und vor allem Produktion enorm hoch. Für Deutschland gibt es ähnliche Prognosen. Gemäß einer weiteren Studie von Volkswirten der ING Diba-Bank sind 59 Prozent aller Arbeitsplätze gefährdet; von den rund 31 Millionen sozialversicherungspflichtigen und geringfügigen Beschäftigten hierzulande könnten 18 Millionen von Robotern und Software ersetzt werden. Berufe, die als Erstes wegfallen werden, sind in dem Banken- und Versicherungssektor, welche zu 50 Prozent automatisiert sind, Tendenz steigend. E-Discovery-Programme durchforsten Prozessakten und ersetzen Rechtsanwälte.

Sie zweifeln? Schauen Sie sich doch mal weiter um. So war ich in diesem Jahr im VW-Werk in Wolfsburg zu Gast. Ich durfte im Rahmen einer Veranstaltung das Werk besichtigen und sogar hinter die Kulissen schauen. VW behauptet von sich, die weltweit größte Produktionshalle zu haben. Erschreckend ist, dass Sie in diesen Hallen kaum Mitarbeiter sehen. Die Produktion der Fahrzeuge haben zu 95 Prozent die Roboter übernommen.

In Nürnberg fährt die U-Bahn seit 2009 führerlos. Auch die ICEs fahren heute vollkommen autonom. Der Lokführer sitzt eigentlich nur noch zur Kontrolle im Führerhaus. Ebenso die Piloten – die dann sogar noch für früheren Vorruhestand und mehr Ferien streiken. Dabei werden in 20 Jahren gar keine Piloten mehr benötigt werden. Der Pilot sitzt heute schon nur noch zur Beruhigung der Passagiere im Cockpit. Auch bin ich davon überzeugt, dass wir in 20 Jahren nicht mehr selbst Auto fahren. Zumindest nicht auf den Autobahnen. Wir werden auf der Einfahrt eingefädelt und dann fährt das Auto autonom.

Der Faktor Mensch, mit all seinen besonderen menschlichen Fähigkeiten und Talenten tritt dabei immer mehr in den Hintergrund. Unzählige Digitalisierungsprojekte scheitern, da in den meisten Unternehmen die Digitalisierung der Menschen vergessen und nur bei der Anlage, der Logistik und am Produkt eingeführt wird. Dabei heißt doch 4.0 das selbstorganisierte Zusammenarbeiten oder Zusammenwirken von Mensch, Anlage, Logistik und Produkt.

Werfen wir in diesem Zusammenhang einen Blick auf eines der hoch industrialisierten Länder der Welt: Japan. Japan ist eine Leistungsgesellschaft. Um in der digitalen Leistungsgesellschaft mithalten zu können, verzichten immer mehr junge Japaner auf körperliche Nähe, Gefühle und Emotionen. So ist es kein Wunder, dass die Gummipuppenindustrie jährlich Zuwachsraten im zweistelligen Bereich hat und mittlerweile zum Millionengeschäft avanciert ist. Es soll in Japan Streichel- und Emotionsclubs geben. Dabei geht es nicht um Sex, sondern einfach darum, in den Arm genommen zu werden, weinen zu dürfen und einfach mal seinen Kopf auf jemandes Schulter zu legen, und das für viel Geld die Stunde. Auch hier dürfen wir uns eine Frage stellen: Was macht die entmenschlichte, gefühlsarme Welt mit uns? Sind wir schon so weit, dass wir Angst vor Emotionen haben? Wir uns nicht mehr auf ein menschliches Wesen einlassen können? Aus Angst vor Zurückweisung? Aus Angst nicht zu genügen? Im Vergleich zum digitalen, perfekten und entmenschlichten Wesen, unserer digitalen Umwelt?

Wer nicht zur Persönlichkeit wird, stirbt. Gehen Sie daher Ihren eigenen Weg, folgen Sie Ihrem Herzen, werden Sie zur Marke ICH und hinterlassen Sie nachhaltig positive Spuren!

FRAGE: Wollen Sie Ihren eigenen Weg gehen und eigene Spuren hinterlassen?

Ihre Antwort kann aus meiner Sicht nur JA lauten. Ich gratuliere Ihnen zu Ihrem eigenen Weg. Hören Sie auf Ihrem Bauch und folgen Sie Ihrem Herzen. Jeder weitere eigene Schritt auf Ihrem Weg bringt Glück, Erfolg und Zufriedenheit.

Vorwort von Stéphane Etrillard

Obwohl wir das große Glück haben, in einer Gesellschaft zu leben, die uns Freiheit und Unabhängigkeit garantiert, haben viele Menschen das Gefühl, im gewöhnlichen Alltag alles andere als frei zu sein. Sie fühlen sich unfrei in ihren Entscheidungen, eingeschränkt in ihren Handlungsmöglichkeiten und abhängig von dem, was andere tun oder wollen.

Da ist auf der einen Seite der Beruf mit seinen vielen Notwendigkeiten und Verpflichtungen. Auf der anderen Seite gibt es das soziale Umfeld, die Familie, die Freunde, den Partner, die allesamt berechtigterweise Ansprüche und Erwartungen haben. Der gesamte Tagesablauf ist durchgetaktet, und immer wieder beanspruchen andere Menschen die eigene Zeit und Energie. Auch in der Freizeit haben viele häufig gar keine Frei-Zeit, sondern sind durch Hobbys, Ehrenamt, Verabredungen oder Ähnliches wieder in Strukturen eingebunden, die ihre Freiheiten begrenzen. Und dann gibt es noch Trends und Entwicklungen, die ebenfalls Erwartungen an uns stellen, wie zum Beispiel gesunde Ernährung, Sport, Aktivitäten in sozialen Medien, permanente Erreichbarkeit, Mobilität, Flexibilität ...

Das alles summiert sich im Alltag. Kein Wunder, dass viele Menschen sagen, sie können nicht einfach tun, was sie wollen, sich nicht einfach frei entfalten und sie selbst sein. Dafür gibt es zu viele Zwänge und Verpflichtungen, die ihr Leben bestimmen.

Dabei ist es so wichtig, ein Leben zu führen, bei dem wir selbst bestimmen, was uns wichtig ist und wer wir sein wollen; ein Leben, das uns ausreichend Freiräume bietet für selbstgewählte Entscheidungen und Handlungen. Denn nur so kann sich unsere Persönlichkeit frei entwickeln und wachsen. Nur so können wir ein Leben führen, das unserem Selbst entspricht und in dem wir unsere Potenziale entfalten können, um Ziele zu erreichen, die uns wichtig sind und die unser Leben mit Sinn und Glück erfüllen. Wenn wir jedoch unser eigenes Ich mit seinen Werten, Wünschen und Bedürfnissen dauerhaft vernachlässigen, werden wir beinahe zwangsläufig unzufrieden und erleben innere Konflikte, die zu einer starken Belastung werden können. Unsere Potenziale liegen brach, unsere Ziele bleiben unerreichbar. Und unser Leben erfüllt sich nicht mit Sinn und Freude, weil es gar nicht unser Leben ist, das wir führen. Es ist kein selbstbestimmtes Leben, sondern ein fremdbestimmtes, bei dem wir den Bezug zu uns selbst verlieren.

Damit Abhängigkeiten, Einschränkungen und fremde Einflüsse nun nicht auf Dauer die Oberhand gewinnen, kommt es zunächst darauf an, sich dieser Einflüsse und Beschränkungen bewusst zu werden. Das ist oftmals bereits ein schwieriger Prozess, da uns der Alltag nicht selten so fest im Griff hat, dass kaum Zeit und Muße bleiben für Reflexionen und Fragen an uns selbst. Zumal sich in diesem Prozess immer wieder zeigen wird, dass es längst nicht nur äußere Zwänge sind, die uns einschränken.

Viele Grenzen setzen wir uns nämlich selbst. Wir glauben zum Beispiel, bestimmte Erwartungen erfüllen zu müssen, haben allerdings niemals mit unserem Gegenüber über diese vermeintlichen Erwartungen gesprochen. Wir glauben, eine berufliche Rolle auf eine bestimmte Weise ausfüllen zu müssen, weil wir ansonsten nicht akzeptiert und anerkannt werden. Dabei gibt es in Wirklichkeit viele andere Möglichkeiten, um dieser Rolle gerecht zu werden, und auf authentische Weise wären wir zudem viel überzeugender. Wir haben Sorge, Konflikte zu provozieren, falls wir bestimmte Verpflichtungen infrage stellen würden, haben jedoch noch nie versucht, eine andere Lösung für diese Verpflichtung zu finden. Wir befürchten, nicht mehr richtig dazuzugehören oder etwas zu verpassen, wenn wir Trends und Moden nicht mitmachen, ohne darüber nachzudenken, ob diese Trends es wirklich wert sind, dazugehören zu wollen. – Derart gibt es etliche Unfreiheiten und Abhängigkeiten, in die wir uns selbst begeben, meist sogar, ohne dass es uns bewusst ist.

Spätestens, wenn die Unzufriedenheit zum Dauerzustand wird und wir das Gefühl haben, uns nicht mehr selbst zu gehören, ist es Zeit für Veränderungen, um Abhängigkeiten aufzulösen und die Zügel wieder selbst fest in die Hand zu nehmen. Diese Veränderungen beginnen mit einem intensiven Reflexionsprozess, bei dem wir unsere Entscheidungen und Handlungen hinterfragen, Gewohnheiten, Denkmuster und selbstauferlegte Abhängigkeiten aufdecken und versuchen, einen klaren Blick auf unser eigenes Leben zu werfen. Dieser Reflexionsprozess kann viel Zeit und Energie in Anspruch nehmen, da währenddessen nicht selten durchaus schmerzhafte oder unangenehme (Selbst-)Erkenntnisse zutage treten, die erst einmal verdaut und akzeptiert werden wollen. Das geht in der Regel nicht von jetzt auf gleich.

Doch die gewonnenen Erkenntnisse über sich selbst und über das Geflecht aus unterschiedlichsten Pflichten, Aufgaben, Abhängigkeiten, Beschränkungen, in das man selbst eingebettet ist, sind dann der Ausgangspunkt für den eigenen und selbstbestimmten Lebensweg.

Peter Buchenau zeigt Ihnen in diesem Buch (wie immer sehr unterhaltsam und sehr anschaulich), wie es Ihnen gelingt, Ihren selbstbestimmten Lebensweg zu finden und ihn dann tatsächlich zu beschreiten. Sie erfahren, was es heißt, sich aus Abhängigkeiten zu befreien, Ihre Persönlichkeit zu stärken und die Freiheit auszuleben, das zu tun, was Ihnen wichtig ist. Peter Buchenau verfolgt dabei einen besonders anregenden Gedanken: Ihm geht es nicht nur um das Jetzt, sondern auch um das, was bleibt. Was kann ich tun, um der Nachwelt etwas zu hinterlassen, was von Bedeutung ist? Wie kann ich mir Gehör verschaffen, wenn ich etwas zu sagen habe? Wie erreiche ich Menschen, um etwas zu bewegen?

Es geht in diesem Buch also um die Spuren, die wir als Persönlichkeit hinterlassen und an die man sich erinnern wird. Das ist etwas, worüber man nicht oft in Büchern liest: über Ambitionen, die über das eigene Ich hinausreichen. Umso wertvoller ist es, dass Peter Buchenau sich diesen großen Ambitionen zuwendet – auf mitreißende Art und Weise und gleichzeitig außerordentlich informativ.

Eines macht der Autor seinen Leserinnen und Lesern jedoch von Anfang an klar: Den eigenen Weg zu gehen und nachhaltige Spuren zu hinterlassen, ist ein anstrengendes Unterfangen, das Klarheit, Entschlusskraft und Durchhaltevermögen erfordert.

Doch ich kann Ihnen versprechen: Peter Buchenau ist dafür der ideale Weggefährte. Lesen Sie sein Buch! Es wird Sie auf großartige Gedanken bringen und neue Ambitionen wecken.

Stéphane Etrillard
Experte für Lebens- und Unternehmersouveränität
www.etrillard.com

1

REGELN, RICHTLINIEN UND NORMEN

Die ersten Lebensjahre

Jeder Mensch wird mit einer eigenen Persönlichkeit geboren. Doch finden sich in unseren Erbanlagen nicht nur Gene, Charakterzüge und Befindlichkeiten unserer Eltern, sondern auch unserer Vorfahren, die uns im späteren Leben helfen, unseren eigenen Weg zu finden.

Doch unmittelbar nach der Geburt werden wir mit einer Realität konfrontiert, die vielleicht nicht in unseren Genen angelegt war. Ab dem ersten Lebenstag wird der neu geborene Mensch an eingefahrene Regeln, Richtlinien und Normen angepasst. Sie glauben das nicht? Ein ganz einfaches Beispiel. Jungs tragen blau, Mädchen rosa. Jungs tragen Hosen, Mädchen Kleider – oder?

ÜBUNG: BABYKLEIDUNG

Ziehen Sie Ihrem Sprössling doch mal die andere Kleiderfarbe an, also einem Mädchen blau bzw. einem Jungen rosa. Danach schieben Sie Ihr Neugeborenes kurz nach der Geburt im Kinderwagen spazieren.

Natürlich ist ein Neugeborenes immer ein Blickfang und es dauert oftmals nicht lange, bis sich die ersten Leute nähern und einen Blick in den Kinderwagen werfen. Und schon der erste Kommentar: „Ach wie süß, die Kleine. Und das Rosa steht ihr so ausgezeichnet. Wie heißt sie denn?" – „Max", geben Sie trocken zur Antwort. Schauen Sie in diesem Moment in das Gesicht Ihres Gegenübers. Ohne große Menschenkenntnis können Sie dessen Mimik ablesen, die von Verwunderung bis Beleidigung einiges zu bieten haben dürfte. Ein Kopfschütteln ist Ihnen sicherlich gewiss.

Verstehen Sie mich bitte richtig: Regeln, Richtlinien und Normen bilden die Grundlage eines geordneten Zusammenlebens und sind bis zu einem gewissen Grad nötig, um die Grundordnung unserer Gesellschaft zu steuern. Anderenfalls würde in unserer Welt ein absolutes Chaos herrschen. Auch

Menschen, die bewusst ihren eigenen Weg gehen, ihrer eigenen Spur folgen, durchlaufen oft Richtlinien und Normen. Sie stellen sich dabei allerdings immer wieder die Frage: „Wann macht es Sinn, eine Spur zu verlassen und meinen eigenen Weg zu gehen?"

Wie oft haben Sie als Kind gehört: „Das darf man nicht!" oder „Das tut man als Junge nicht!" oder „Ein Mädchen macht das nicht!" Sie und ich könnten diese Serie an Floskeln bestimmt unendlich fortsetzen und um weitere Sprüche ergänzen, die wir uns als Kind anhören mussten. Doch auf die Rückfrage, warum man dieses und jenes nicht tun durfte, lautete die Antwort zumeist: „Darum." oder „Weil das halt so ist!"

Kinder lachen bis zu 400mal am Tag. Ist das nicht herrlich, wie unbeschwert, offen, frei und unvoreingenommen Kinder die Welt sehen und dabei immer wieder Situation und Gegenstände zum Lachen finden? Erwachsene, so die Südwest Presse Ulm in ihrer Ausgabe vom 25.02.2015, lachen nur 15- bis 20mal am Tag. Warum lachen Kinder so oft und warum ist uns Erwachsenen buchstäblich das Lachen vergangen? Was hat uns dazu bewogen, den Weg des Lachens zu verlassen? Liegt es vielleicht an den eingefahrenen, von der Gesellschaft bestimmten Regeln, Richtlinien und Normen?

Wagen Sie doch mal einen kleinen Versuch. Blicken Sie zurück in die Unbefangenheit Ihrer Kindheit. Damals brauchten Sie keine Schablonen, Taschenrechner, rechte Winkel oder Gebrauchsanweisungen. Sie haben sich einfach hingesetzt und darauf los gemalt, es einfach probiert. Selbst wenn Ihr Gemälde zunächst mit der Realität zu tun hatte, waren Sie trotzdem stolz darauf, Ihrem Vater oder Ihrer Mutter das erste selbstgemalte Bild in die Hand zu drücken. Auch wenn die Eltern gar nicht erkennen konnten, was Sie eigentlich gemalt hatten, in Ihren Kinderaugen war das Bild perfekt. Und nach dem Lob Ihrer Eltern zogen Sie mit einem Lächeln im Gesicht wieder ab und malten oder bastelten weiter. Ein tolles Gefühl, erinnern Sie sich?

Und nun eine kleine Übung: Nehmen Sie sich einfach einmal vor, doppelt so viel zu lachen wie gestern. Das ist eine Steigerung von 100 Prozent. Probieren Sie es aus! Sehen Sie sich genau um, zum Beispiel an der Supermarktkasse, in der Fußgängerzone, im Büro und auch zu Hause bei Ihrer Familie. Was sehen Sie? Wie verhalten sich die Menschen? Nehmen Sie einmal aktiv Blickkontakt auf und haben Sie den Mut, indem Sie die Personen um sich herum bewusst anschauen – und sie anlächeln! Das Ergebnis wird Sie überraschen. Natürlich gibt es ganz harte Fälle. Manche Menschen wollen einfach nicht lachen – da hilft auch kein Lächeln wie aus der Zahnpasta-Werbung.

ÜBUNG: DER SPIEGEL-SIT-UP

Stellen Sie sich morgens nach dem Aufstehen und dem Zähneputzen vor den Spiegel. Vielleicht erkennen Sie das Gesicht, das Sie aus dem Spiegel heraus anschaut. Falls nicht, sollten Sie sich vergewissern, ob Sie wirklich vor Ihrem Spiegel stehen. Nun heben Sie beide Arme im 90-Grad-Winkel an und führen die Zeigefinger jeweils in den rechten und linken Mundwinkel. Ziehen Sie nun mit den Zeigefingern die Mundwinkel mindestens zehnmal auseinander und leicht nach oben. Beobachten Sie sich im Spiegel.

Sollten Sie nach wie vor nicht lachen wollen, gibt es für extreme Lachverweigerer noch meinen Bleistifttrick. Diesen wende ich bei all meinen Vorträgen und Trainings als Abschluss an.

TIPP: DER BLEISTIFT-TRICK

Nehmen Sie einen Bleistift so zwischen Ihre Zähne, dass die Lippen diesen Bleistift nicht berühren. Halten Sie diesen Zustand mindestens 3 Minuten.

Nach dieser Zeit reagiert Ihr Gehirn mit dem Gedanken: Hey, der Typ da in mir lacht ja die ganze Zeit. Also fange ich an, Glückshormone auszuschütten. Das Ergebnis: Sie fühlen sich besser. Bereits am Ende des 19. Jahrhunderts hat der Psychologe William James herausgefunden, dass unsere Mimik unsere Stimmung beeinflusst. Diese Erkenntnis wurde mehrmals bestätigt. Unter anderem fand der französische Psychologe Robert Soussignan in einer Studie im Jahr 2002 heraus, dass ein gewissermaßen unfreiwilliges Lächeln die Laune anhebt und jede Situation positiver erscheinen lässt. Wo ich den Bleistift heute noch einsetze, fragen Sie sich? Natürlich auf der A3 bei Frankfurt, wenn ich im Stau stehe. Sie glauben gar nicht, wie Sie mit einem Bleistift eine ganze Autobahn unterhalten können.

Kindergarten und Schulzeit

Das Abtrainieren der eigenen Persönlichkeit setzt sich in den meisten Kindertagesstätten, Kindergärten und Schulen fort. Früher war hauptsächlich die Mutter für die Erziehung der Kinder verantwortlich und konnte individuell auf das Kind eingehen und es fördern. Heute werden Kinder sehr oft schon vor dem 18. Monat in eine Kinderkrippe gebracht, da unsere Leistungsgesellschaft es sehr oft nötig macht, dass beide Elternteile arbeiten. Das betrifft einige Eltern, weil diese einfach das Geld zum Leben brauchen, andere um im Konsumwahn mit den Nachbarn mithalten zu können, und andere, um sich persönlich weiterzuentwickeln. Unabhängig von den Beweggründen, sein Kind schon sehr früh in die Obhut anderer zu geben, wird nach der Ansicht vieler Eltern die frühkindliche Entwicklung dadurch zunächst von den Erzieherinnen und Erziehern in der Kindertagesstätte und im Kindergarten, final dann von den Lehrern übernommen. Doch dieser Schein trügt. In den wenigsten Einrichtungen haben Erzieherinnen und Erzieher die Zeit, sich so individuell mit dem Kind zu beschäftigen, wie das normalerweise die Eltern tun würden. Von der Schulzeit und den Lehrern ganz zu schweigen. Hier regieren und diktieren die Lehrpläne der jeweiligen Kultusministerien den Lehrinhalt. Eine individuelle Betreuung des einzelnen Schülers durch den Lehrer ist kaum bis gar nicht mehr möglich. Viele Kinder bleiben in diesem System auf der Strecke.

Beispiel aus dem Jahr 2017: In einem kleinen bayerischen Städtchen unterrichtet eine mir bekannte Grundschullehrerin 68 Kinder in der Klasse. Die Klasse hat einen Migrationsanteil von 50 Prozent. In dieser Klasse sind auch fünf Kinder mit körperlicher und geistiger Behinderung. Der Lehrplan gibt vor, dass jedes Kind mit gleichem Aufwand gefördert werden muss. Wie bitte soll das gehen?

Regeln, Richtlinien und Normen bestimmen in dieser frühkindlichen Entwicklung maßgeblich, was aus dem Kind und letztlich ob es – im besten Fall – zum gereiften Menschen wird. Große Auswahl haben diese Kinder nicht. Entweder sie passen sich den Gegebenheiten an oder werden als Außenseiter in der Gesellschaft abgestempelt. Klar ist der angepasste Weg der einfachere, denn wer möchte bereits im Kindesalter zum Außenseiter werden.

Das haben mittlerweile auch Unternehmen verstanden. Warum glauben Sie haben Betriebskitas seit 2006 jährlich Zuwachsraten im zweistelligen Bereich? Auf der einen Seite sicherlich, weil es die Bundesregierung bis heute nicht geschafft hat, speziell in den Ballungsgebieten genügend Kita- und Kindergartenplätze zur Verfügung zu stellen (Quelle: Chefsache Betriebskitas, Springer Verlag) und auf der anderen Seite auch deshalb, weil Unternehmen es verstanden haben, dass sich Kinder gerade in den ersten sechs Lebensjahren am stärksten entwickeln. Deshalb liefern diese Betriebskitas für Firmen wahre Entwicklungspotenziale, denn sie sind nachweislich ein wesentlicher unternehmerischer Erfolgsfaktor zur Mitarbeitergewinnung und -bindung. Unternehmen können heute davon ausgehen, dass Eltern, die ihr Kind im eigenen Betriebskindergarten integriert haben, in der Regel fünf Jahre dem Unternehmen treu bleiben, kommt ein weiteres Kind dazu, können es gut und gerne zehn Jahre werden. Ein weiterer, nicht uneigennütziger Faktor neben dem Mitarbeiter-Benefit für das Unternehmen ist, dass Kinder in den ersten sechs Jahren sehr beeinfluss- und formbar sind. Was glauben Sie? Welches Auto wird ein Kind später fahren, wenn es die ganze Zeit nur mit den Miniaturen einer bestimmten Automarke gespielt hat oder welchen Fußball wird sich ein Kind später kaufen, wenn auf allen Sportsachen in der Kita drei Streifen oder eine große Raubkatze angebracht waren?

Sie glauben das nicht? Der Wirtschaftsnobelpreisträger James Heckmann hat in diversen Studien festgestellt, dass je früher die Menschheit in die Bildung von Menschen investiert, desto größer ist der Return-on-Invest für die Gesellschaft. Anders ausgedrückt: Je früher Unternehmen in die Entwicklung von Kindern eingreifen, desto höher der Gewinn für das Unternehmen.

An Universitäten und Elite-Hochschulen geht der Trend der Beeinflussung weiter. Sollte das Kind, das sich mittlerweile vom Teenager zum jungen Erwachsenen entwickelt hat, das Glück oder das Können haben, eine Hochschule zu besuchen, können die Eltern stolz sein. Hier stelle ich jedoch eine provokante Frage: Wenn in der Schule und anschließend auch an den Hochschulen nach Lehrplan gelehrt wird, wenn über Jahre der gleiche Stoff vermittelt wird, wenn die Lehrer und Professoren über Jahre hinweg die gleichen Persönlichkeiten bleiben – lernen dann nicht alle Schüler bzw. Studenten das Gleiche? JA, natürlich! Allerdings mit unterschiedlichem Erfolg, das heißt mit unterschiedlichen Noten. Dennoch, wenn alle das Gleiche lernen, den gleichen Wissensstand haben, dann sind die Schüler und Studenten vergleichbar und als Fazit:

Wer vergleichbar ist, ist jederzeit austauschbar!
PETER BUCHENAU

Indianer statt Cowboy

Ich habe das System der Anpassung relativ früh verstanden. Bereits im Kindergarten merkte ich, dass ich irgendwie anders war. Unser Kindergarten im Schwarzwald war einfach eingerichtet. Im Innenraum die normalen Spiele, außen eine Wippe, eine Schaukel und ein Sandkasten – das war's. So verwunderte es eigentlich nicht, dass ich viel lieber auf den Bäumen innerhalb der Kindergartenanlage herumkletterte, bis nach ganz oben in die Baumwipfel. Zum Ärger der Kindergärtnerinnen natürlich, denn diese wollten unbedingt, dass ich mit der Wippe, auf der Schaukel oder im Sandkasten spielte. Auf die Frage, warum ich denn nicht auf die Bäume klettern durfte, kam die Antwort: „Das macht kein anderes Kind, nur du, darum!" Gut okay, dann wollte ich mit Puppen spielen, doch dann hieß es: „Ein Junge spielt doch nicht mit Puppen" oder wollten Mädchen mit Autos spielen, hieß es: „Mädchen spielen nicht mit Autos!" Die Regeln im Kindergarten waren klar definiert.

Das alles fand ich als Kind ziemlich langweilig. Computerspiele und Smartphones gab es zur meiner Kindergartenzeit noch nicht. Es verwunderte nicht, dass ich nach dem Kindergarten liebend gerne zur Oma ging, bis meine Eltern von der Arbeit nach Hause kamen. Meine Eltern sind beide Nachkriegskinder und Flüchtlinge, die sich im Westen eine neue Existenz aufbauen mussten. Oma Helene wohnte am Waldrand und dort durfte ich so ziemlich alles. Die meiste Zeit verbrachte ich im Wald, denn dort konnte ich so sein wie ich wollte. Ich durfte Held, Abenteurer, Indianer oder auch Feigling sein. Ich konnte auf Bäume klettern, in Höhlen kriechen oder auch Staudämme im Bach bauen. Ich genoss die für mich damals unendlichen Weiten des Schwarzwalds. Es scherte niemanden, wenn ich in den Bach oder vom Baum flog und verdreckt nach Hause kam. Oma Helene steckte mich in die Badewanne und schrubbte mich ab – ohne Desinfektionsmittel und Hygienetücher. Sauber wurde ich trotzdem. Kurzum, ich lernte im Wald über den Wald. Ich lernte Pflanzen, Bäume, Tiere und Jahreszeiten kennen, lernte Spuren vom Wild lesen. Dem Wald verdanke ich sehr viel. Auch heute gibt mir der Wald immer wieder eine Menge Kraft.

Aber es ging nicht nur mir so. Oft spielten wir mit vielen Kindern im Wald verstecken oder Cowboy und Indianer. Interessanterweise wollten die

Jungs immer Cowboys sein, um die Welt zu retten oder zu beherrschen. Die Mädchen fanden es cooler, Indianerinnen zu sein; schließlich schminkten die sich auch mit Kriegsbemalung, Cowboys nicht. Allerdings stellte sich dabei ein Ungleichgewicht heraus, da die Cowboys meistens beim Spielen gewannen. Die Mädchen waren zunehmend frustriert. Deshalb entschloss ich mich eines Tages, auch Indianer zu sein. Durch meine erlebten und erlernten Kenntnisse im Wald, die ich dann „spielend" einsetzen konnte, gelang es den Indianern immer häufiger, das Blatt zu wenden. Klar, gewannen die Cowboys immer noch ab und an, aber die Indianer konnten auch den einen oder anderen überraschenden Sieg einfahren. Das hat den Mädchen extrem gefallen – und mir natürlich auch. Ich war der einzige Junge unter vielen Mädchen. Der Indianer in mir war geboren.

Schauspieler für Weihnachtsfeier gesucht!

Meine Eltern steckten mich in alle möglichen, im Dorf ansässigen Vereine, um meinem Forscher- und Entdeckungsdrang Einhalt zu gebieten. Wie in vielen ländlichen Gegenden ist es im üblich, Mitglied im Musikverein, Turnverein, Fußballverein oder im Schützenclub zu sein. Merken Sie etwas? Da sind sie wieder, die Regeln, Richtlinien und Normen. Und Sie können es sich bestimmt denken: Ich hielt es nie lange in einer dieser Gesellschaften aus. Immer das tun, was alle andere tun, war nie mein Ding, schon gar nicht in meiner Jugend.

Schlussendlich blieb ich im Fußballverein hängen, aber auch nur deshalb, weil der Verein jedes Jahr zu Weihnachten ein großes Theaterstück aufführte. Das war genau mein Ding! Ich erinnere mich sehr gern daran, als ich meine erste Rolle bekam. Ich war unsagbar stolz, auch wenn ich nur einen Satz sagen durfte und den dann auch noch total vergeigte. Und das vor ca. 500 Zuschauern, die mich natürlich alle persönlich aus dem Dorf kannten.

Im darauffolgenden Jahr hatte ich dann meine erste Hauptrolle. Mit knapp 15 Jahren durfte ich in dem 90-minütigen Theaterstück den Präsidenten eines Fußballclubs spielen, dessen Tochter sich unsterblich in den Sohn des Präsidenten des konkurrierenden Fußballclubs verliebt hatte. Emotionen, Ärger und Leidenschaft waren vorprogrammiert. Das Theaterstück war ein voller Erfolg und meine Leidenschaft für die Bühne stieg ins Unermessliche. Jetzt wusste ich: Ich wollte unbedingt Schauspieler werden!

Stolz verkündete ich diese Botschaft meinen Eltern, die allerdings ganz andere Pläne mit mir hatten: „Junge, lern' was Anständiges, als Schauspieler kannst du kein Geld verdienen", so mein Vater. Meine Mutter obendrauf: „Hier im Schwarzwald geht man in den Tourismus oder ins Handwerk." Geknickt nahm ich diese Worte zur Kenntnis. Sicherlich hat der eine oder anderen von Ihnen Ähnliches erlebt. Der Traumberuf, den Sie als Kind äußerten, wurde von den Eltern belächelt und nicht weiter unterstützt. Und das oft mit lapidaren Begründungen wie: „Damit kann man kein Geld verdienen", „Das passt nicht zu dir", „Dazu hast du kein Talent" oder „Es passt einfach nicht in unsere Wohngegend".

Im Kindesalter laden Verbote gerade dazu ein, Grenzen auszutesten und zu experimentieren. „Fass nicht auf die Herdplatte, die ist heiß" – und trotzdem gehen Kinder in unbeobachteten Momenten das Risiko ein und die legen die Hand auf die heiße Platte. „Du bist Punkt 8 Uhr zu Hause!"– im Teenager-Alter gehörte diese Floskel zur Verabschiedung quasi dazu und trotz der bekannten Konsequenzen konnte es schon mal später werden. Und natürlich der Klassiker: „Das tut ein Junge/Mädchen nicht!" und trotzdem haben wir es immer wieder getan. Gerade die unbefangene Neugier im Kindesalter war Ausdruck unserer Wissbegierde, die nur selten zufriedenstellend gestillt wurde. „Warum geht das Wasser in der Pfütze weg, wenn man reintritt?" Die Antwort lautete lapidar: „Tritt nicht in die Pfütze!", oder „Warum ist es auf dem Berg kälter? Man ist doch dann näher an der Sonne?" Die Antwort: „Zieh dich warm an!"

Kinder stellen unentwegt Fragen, die sich eigentlich jeder erwachsene Mensch immer wieder stellen sollte. Die für uns Kinder ungenügende Antworten oder Verbote haben uns eigentlich immer mehr motiviert, die Regeln, Richtlinien und Normen auszureizen, ja vielleicht auch zu brechen. Und je älter und reifer wir wurden, desto weniger haben wir unserer Neugierde freien Lauf gelassen. Wir haben uns mehr und mehr angepasst und unseren Forscherdrang, unsere Neugier verloren. Warum nur?

FRAGE: Sie haben keine Lust mehr, Neues zu entdecken und haben sich aufgegeben?

Sie erinnern sich, bei einem JA hören Sie auf, weiterzulesen. Bei einem NEIN lade ich Sie zur nachfolgenden Übung ein.

ÜBUNG: WUNSCHZIEL

Wohin wollten Sie schon immer mal verreisen? Welches Land, welche Stadt, welche Kultur möchten Sie einmal erleben? Beschaffen Sie sich eine Postkarte, ein Bild oder ein Poster von Ihrer noch zu bereisenden Lieblingsdestination. Hängen Sie das Bild auf. Egal ob am Spiegel, in der Küche oder am Arbeitsplatz. Auf jeden Fall so, dass Sie dieses Bild am Tag mehrmals sehen und somit an Ihr Wunschziel erinnert werden.

Verraten Sie mir Ihr Reiseziel? Schreiben Sie es bitte nachfolgend auf: Mein Wunschreiseziel ist:

Glückwunsch! Sie haben die erste Aufgabe, Ziele zu setzen und Wünsche zu visualisieren, bestanden.

Die Jagd nach Anerkennung

Kennen Sie das Gefühl, egal was Sie tun, Sie können es Niemandem recht machen?

Warum wollte ich Schauspieler werden? Es war das Verlangen nach Anerkennung. Wenn ich auf der Bühne stand, meine Leistung ablieferte, dann applaudierte das Publikum. Für mich gibt es bis heute nichts Schöneres als das Gefühl zu erleben, auf den Brettern der Welt zu stehen, sich nach einer gelungenen Veranstaltung zu verneigen und den Lohn für meine Leistung mit großem Applaus oder sogar Standing Ovationen vom Publikum zu erhalten. Was für ein tolles, erhabenes Gefühl!

In der Schule hatte ich diese Anerkennung nicht bekommen und selbst von meinen Eltern nur ganz spärlich, auch wenn ich noch so mein Bestes gab. Das äußerte sich so weit, dass ich immer mehr unternahm, um es meinen Eltern recht zu machen, um endlich wahrgenommen zu werden. Doch je mehr ich mich anstrengte, umso mehr verlor ich meine eigentlichen Ziele, meinen mir zugedachten, eigenen Weg aus den Augen. Die Konsequenz: Ich folgte dem Weg meiner Eltern und meiner Umwelt, statt meinem und kam von diesem eigenen Weg, meinen Zielen regelrecht ab.

Nach Schule und Ausbildung setzte sich die Jagd nach Anerkennung und Wahrnehmung fort. Weiterhin strebte ich danach, meinen Eltern zu gefallen, sie stolz zu machen. Doch selbst als ich als Zweitbester mit einem Notendurchschnitt von 1,4 im ganzen IHK-Bezirk Südschwarzwald abschnitt, war von Anerkennung und Lob nichts zu spüren. Schließlich war immer noch ein Lehrling besser als ich.

Aber war ich mir dieser permanenten Jagd nach Anerkennung bewusst? Nein, ich war völlig blind! Statt in mich hineinzuhorchen, mir meine eigenen Ziele zu stecken und diese umzusetzen, hatte ich nach wie vor den Wunsch, endlich von meinen Eltern wahrgenommen zu werden, Lob und Akzeptanz von ihnen zu erhalten. Und so flüchtete ich mich in die Arbeit. Ich lernte und entwickelte mich in rasanter Geschwindigkeit. Es war das Zeitalter der Vernetzungstechnologien. Computer konnten sich auf einmal verbinden. Ich habe die Vernetzungstechnik der IT-Systeme mitentwickelt, habe den ersten Token-Ring in Deutschland mit aufgebaut, habe das erste Ethernet auf Twisted Pair Basis in die Schweiz gebracht und war beteiligt, als der erste ATM-Backbone auf Cell-Relay Basis auf dem europäischen Festland in Betrieb genommen wurde. Ende der 1980er-Jahre gehörte ich zu den hochdotierten Netzwerk-Experten Europas. Im Alter von 27 Jahren hatte ich meine erste große Führungsaufgabe. Ich stieg die Karriereleiter immer weiter nach oben, habe in Schweizer, deutschen, französischen und US-amerikanischen Konzernen gearbeitet, war einer der klassischen Manager mit mehreren 100 Mitarbeitern und einer Umsatzverantwortung im dreistelligen Millionen Dollar-Bereich. Doch die entscheidende Frage war: War ich glücklich und zufrieden?

Nein, war ich noch immer nicht! Denn meine Eltern waren mittlerweile alt und hatten für IT, Computer und Smartphones kaum etwas übrig. Sie verstanden die neue Welt nicht. Nach wie vor hörte ich bis weit über mein 40. Lebensjahr hinaus: „Wärst du doch im Schwarzwald geblieben und hättest einen soliden Beruf erlernt ...".

Und so kam es, wie es kommen musste. Während meiner Jagd nach Anerkennung ereignete sich ein tragischer Todesfall, der mein bisher angestrebtes Lebensziel komplett auf den Prüfstand stellte. Mein damaliger Chef kam ums Leben, er hatte sich sprichwörtlich zu Tode gearbeitet. Wir waren beide „geil" auf Karriere und so stachelten wir uns gegenseitig an, trieben uns zu beruflichen Höchstleistungen. Für uns gab es nur noch den Job. Familie, Freunde und Gesundheit blieben außen vor. Bis er plötzlich starb.

Schlagartig wurde mir vor Augen geführt, dass es noch etwas anderes auf dieser Welt gibt als Arbeit, Anerkennung, Karriere, Geld und Macht. Ich verfiel in eine tiefe Krise, wurde ebenfalls krank und hatte einige Herzoperationen. Das Ereignis ist mir sprichwörtlich „zu Herzen gegangen" und hat mich in dieser Phase regelrecht gezwungen, mein Leben zu reflektieren. Dabei stellte ich mir die Frage: Schlägt mein Herz noch für all diese Karrierethemen?

Mein Weg im Konzern war jedoch weiter vorgegeben, der Weg an die Konzernspitze in Europa nur noch eine Frage der Zeit. Um ebenfalls auf der höchsten Stufe meiner Karriereleiter anzukommen, musste ich einfach nur der Spur der Konzernleitung folgen, deren Wünsche und meine mir zugeteilten Aufgaben erfüllen. Das war leicht, schließlich hatte ich bereits über Jahre immer meine unternehmerischen Ziele erreicht, sehr oft sogar weit übertroffen. Ich folgte immer – aus Anpassung und Gewohnheit – den vorgegebenen Zielen, mit der Ausnahme, dass jedes Mal jemand anderes den Ton angab, jemand anderes meinen Weg bestimmte, jemand anderes mir stets vorneweg lief. Der Vorteil – das möchte ich hier gerne hinzufügen – war, dass ich mir keine eigenen Gedanken machen musste und ich funktionierte, ohne mich selbst wahrzunehmen. Der Nachteil: So konnte ich mich selbst wenig einbringen und keine eigenen Spuren hinterlassen. All diese Dinge haben mich vom Nachdenken, Reflektieren, neue Ziele setzen, ins Handeln gebracht.

So entschied ich mich im Sommer 2002 dazu, meinen eigenen Weg zu gehen, niemanden einfach mehr zu folgen, sondern Verantwortung für mich selbst zu übernehmen. Ich hatte den Entschluss gefasst, eigene Spuren zu hinterlassen. Spuren, an die sich noch viele im Nachgang positiv an mich erinnern sollten und dies bis heute tun.

FRAGE: Sind Sie bereits am Ende Ihres Weges angekommen und haben eigene SINN-volle Spuren hinterlassen?

Ist Ihre ehrliche Antwort JA, dann legen Sie das Buch getrost zur Seite. Bei einem NEIN allerdings lade ich Sie ein weiterzulesen und empfehle Ihnen folgende Übung:

ÜBUNG: REISEGRUND

Einige Seiten zuvor haben Sie sich ein Reiseziel ausgesucht, das Sie schon immer bereisen wollten. Schreiben Sie nun nachfolgend drei Gründe auf, wozu Sie diese Reise unternehmen wollen. Welche drei wichtigen Erkenntnisse wollen Sie auf dieser Reise gewinnen und als Erfahrung mit nach Hause nehmen?

1.
2.
3.

Diese Überlegungen sind der Sinn und Zweck Ihrer Reise. Oder das Purpose, wie man es im englischen Sprachgebrauch tituliert.

2

FOLGE DEINER SPUR, UM SPUREN ZU HINTERLASSEN!

Auf den Spuren der Indianer

Um eigene Spuren hinterlassen zu können, bedarf es erst einmal seine eigene Spur in der Vielfalt der Fährten und Spuren zu erkennen und wahrzunehmen. So waren die Indianer wahre Meister darin, Spuren – ob von Menschen oder von Tieren – zu lesen. Wenn es darum ging, Fährten und Spuren von Jagdwild oder gar Menschen aufzuspüren, zeigten die Indianer unglaubliche Fähigkeiten. So konnten sie an der Form eines Hufabdrucks erkennen, um welches Wild und anhand des Sohlenabdrucks, um welchen anderen Indianerstamm es sich handelte. Sie lasen aus der Fährte, ob das Tier müde oder ausgeruht war. Sogar die Anzahl der Feinde konnten sie über eine große Distanz hinweg allein am Geräusch der Pferde erkennen, indem sie ihr Ohr auf den Boden legten und dem Klang der Hufe lauschten.

Als die Weißen bei der Besiedlung Amerikas die Fähigkeiten der Indianer erkannten, heuerten sie für wenig Geld, meist für Alkohol, stets indianische Scouts an, die es meisterhaft verstanden, die Spuren ihrer eigenen Landsleute zu deuten. Die Indianer beherrschten das Fährtenlesen in höchster Perfektion. So sehr sich die weißen Trapper damals auch bemühten, sie kamen nicht annähernd an diese Fähigkeit der Indianer heran. Dabei ist, so sagt es die Überlieferung, das Fährtenlesen dem Lesen von Buchstaben und Wörtern sehr ähnlich.

Aus den Spuren konnten die Indianer Informationen ziehen, die für ein ungeschultes Auge nicht erkennbar waren. Das Aufspüren der Beute war das eine, das lautlose Anschleichen das andere. Beides zusammen machte die Indianer zu perfekten, lautlosen Jägern.

Verstehen Sie nun, warum ich den Wald so geliebt habe?

ÜBUNG: SINNE SCHÄRFEN

Schlüpfen Sie einmal in die Rolle von Indianern. Nicht nur als Maskerade, sondern um mit geschärften Sinnen Geräuschen auf den Grund zu gehen! Dazu brauchen Sie eigentlich nur ausreichend Platz. Das lässt sich mit einem wunderschönen Spaziergang in der Natur kombinieren. Suchen Sie sich eine schöne Wiese oder eine Waldlichtung, wo Sie ungestört sind. Diese Übung funktioniert sehr gut in einer Gruppe.

Setzen Sie sich auf den Boden, bilden mit Freunden, Familie, Bekannten und Kindern einen Sitzkreis. Erklären Sie allen Beteiligten, dass sie nun alle Indianer sind. Dazu erzählen Sie kurz, dass Indianer tolle Spurenleser sind. Außerdem können Indianer durch eine besondere „Lausch-Technik" ganz schnell Geräusche wahrnehmen. Genau das probieren Sie jetzt zusammen aus.

Eine Person aus der Gruppe wird ausgewählt. Diese bekommt die Aufgabe, aus dem Kreis zu gehen und sich in 10 bis 15 Meter Entfernung abseits der Gruppe hinzustellen. Alle anderen Beteiligten legen sich bäuchlings hin und pressen ein Ohr auf den Boden. Die Person, die sich aus der Gruppe entfernt hat, macht nun unterschiedliche Geräusche auf dem Boden: stampfen, hüpfen, kurz rennen, mit den Fingern auf den Boden trommeln oder mit den Fingernägeln auf dem Boden kratzen usw. Alle anderen „Indianer" brauchen jetzt scharfe Sinne. Wer lauscht am besten und errät, was die Person abseits der Gruppe macht? Sie werden sehr viel Spaß dabei haben! Die gleiche Übung können Sie übrigens auch mit allen anderen Sinnen wiederholen: Riechen, Schmecken, Sehen und Fühlen.

Den Vergleich zu den Indianern finde ich treffend. Denn eigentlich hat sich an den Voraussetzungen, um erfolgreich zu sein, nichts Wesentliches geändert. Nach wie vor verschafft sich derjenige einen Vorteil, der Spuren lesen kann oder – wie man es heute formulieren würde – „frühzeitig den Braten riecht" oder „das richtige Händchen für etwas hat". Im Klartext heißt das: in der Gegenwart, im Jetzt, präsent zu sein, bewusst zu spüren und wahrnehmen, um daraus zukünftige Trends erkennen zu können, wohin die Reise geht.

Im Hier und Jetzt präsent zu sein, sein Umfeld spüren, egal ob Menschen, Natur oder Technik, bringt zuerst Sicherheit und Stabilität. Einen klaren

Standpunkt vertreten, in sich zu ruhen, fest und geerdet auf dem Boden stehen, sind Grundvoraussetzungen dafür. Wer fest mit beiden Beinen auf dem Boden steht, wirkt. Wer präsent ist, verkörpert Persönlichkeit.

Persönlichkeiten hinterlassen Spuren. Und es ist kein Zufall, dass die Anfangsbuchstaben von **S**icherheit, **P**ädagogik, **U**nabhängigkeit, **R**äumlichkeit, **E**nergie und **N**achhaltigkeit das Wort **SPUREN** ergeben. Auch Sie können eigene **SPUREN** hinterlassen, wenn Sie Ihrem Weg folgen. Hören Sie auf sich! Gehen Sie Ihren eigenen Weg. Folgen Sie Ihrem Herzen und Ihrer Intuition.

FRAGE: **Sind Sie glücklich und erfüllt, wenn Sie anderen Menschen auf deren Weg folgen?**

Sie kennen es schon: Bei einem JA legen Sie das Buch zur Seite. Bei einem NEIN lade ich Sie ein, weiterzulesen und Ihre Persönlichkeit zu steigern, damit Sie SPUREN hinterlassen.

ÜBUNG: PERSPEKTIVENWECHSEL

Frauen lieben es, für manche Männer ist es schlichtweg der Horror. Sicherlich gehen Sie ab und an einkaufen. Egal, in welchen Discounter oder Supermarkt Sie gehen, der Einkaufsweg im Laden ist vorgegeben. In der Regel gehen Sie immer den gleichen Weg und kaufen in einer gewohnten Reihenfolge ein. Sie folgen dem vorgegebenen Weg des Markts und der Kundenmasse. Bei einem schwedischen Möbelhaus leiten Ihnen Pfeile am Boden, wie Sie zu laufen haben, um ja kein Angebot zu verpassen?! Machen Sie sich doch einmal den Spaß und laufen exakt anders herum: von der Kasse zum Eingang. Ich garantiere Ihnen, Sie werden Markt und Menschen von einer ganz anderen Seite kennenlernen. Sie verlassen mit dieser Übung Ihre Komfortzone, ändern einfach einmal Ihre Angewohnheit und erleben einen Perspektivenwechsel. Es ist sehr erfrischend, den Einkauf mit einer neuen Sichtweise zu erledigen.

So ist es auch mit Ihrer Wunschreise. Ja, ein Ihnen bekannter Ort ist natürlich schön und auch bequem, weil man sich dort auskennt, Menschen und Umgebung bekannt sind, man weiß, wo man hin muss und möchte. Verlassen Sie Ihre Komfortzone und wählen Sie, wann immer möglich, Individualangebote. Haben Sie den Mut, Gewohnheiten zu durchbrechen und eine Reise zu unternehmen an Orte abseits der Massen. Was könnte an Ihrem Wunschziel so individuell sein, dass Sie hier nur für sich einzigartige Bereicherungen erfahren? Schreiben Sie diese bitte für sich auf:

1.
2.
3.

Schauen wir uns nun die einzelnen Bausteine auf Ihrem Erfolgsweg genauer an.

Wer künftig im digitalen Zeitalter überleben möchte, sollte jetzt die Chance ergreifen, endl-ICH zum ICH zu reifen. Denn für die eigene, persönliche Entwicklung gibt es kein Ende, es ist ein stetiger Prozess des nach vorne Gehens, des eigenen Justierens, des Wachsens. Und vielleicht auch einmal des Über-sich-Hinauswachsens? Wer im digitalen Zeitalter überleben will, wird von der neuen Welt aufgefordert, sich zur Marke ICH und somit zur Persönlichkeit entwickeln.

Wer nicht seine Persönlichkeit entwickelt, stirbt!

Was bedeutet dieser Satz? Es klingt doch sehr brachial! Ja, richtig! Denn es geht um Sie! Darum, dass Sie sich selbst spüren, wahrnehmen, im JETZT sind. Wie sagte einmal Reinhold Messner in einem Interview: „Ich musste hoch hinaufsteigen, um tief in mich hinabzuschauen." Er hatte den Mut, die höchsten Gipfel der Welt zu erklimmen, hatte sich Ziele gesetzt und ist seinen Weg gegangen.

Wie ist es mit Ihnen? Haben Sie jetzt den nötigen Mut? Mut zur Persönlichkeit? Perfekt! Denn: Persönlichkeiten gehen immer ihren eigenen Weg. Sie folgen ihrem Herzen. Doch wie wird man zur Persönlichkeit? Sollten Sie zu den Menschen gehören, die zur Persönlichkeit werden wollen und Spuren hinterlassen möchten, sollten Sie sich immer wieder folgende Fragen in den jeweiligen SPUREN-Attributen stellen.

SICHERHEIT

PUREN

Was ist, wenn aus Unsicherheit Selbstsicherheit wird?

Erinnern Sie sich noch daran, als Sie Ihr erstes Fahrrad bekommen haben? Ein aufregender Moment der Freude, des Herzklopfens. Ein eigenes Fahrrad. Endlich war man mobil! Was für ein erhabener Moment. Und ja, liebe Generation Z, ein Fahrrad ist ein Fortbewegungsmittel, mit dem man durch eigene Muskelkraft, Entfernungen schneller als zu Fuß zurücklegen kann.

Erinnern Sie sich noch an Ihre erste Fahrt mit dem Fahrrad? Ich war gerade 4 Jahre alt, als ich mich auf mein erstes eigenes Fahrrad setzte. Das hatte natürlich Stützräder, denn ohne wäre es unmöglich für mich gewesen, auch nur einen Meter zu fahren, ohne umzufallen. Die Stützräder gaben mir zuerst einmal eine vermeintliche Sicherheit. Und so wackelte ich mich mit meinem Fahrrad voran. Zuerst übte ich in der Hofeinfahrt, später auch auf der Straße. Das war damals noch problemlos möglich, denn Anzahl der Autos, die 1966 in unserem Dorf im Schwarzwald unterwegs waren, war noch recht überschaubar. Mit jedem Meter, den ich mit meinem Fahrrad zurücklegte, wurde ich sicherer. Natürlich auch mit dem steten Vertrauen, dass die Stützräder meine Fahrfehler ausglichen und mir ein immer sicheres Fahren ermöglichten. Doch bald stellte ich fest, dass die Stützräder nur eine gewisse Geschwindigkeit zuließen. Gerade beim Bergabfahren oder in Kurven stellten sich diese Stützräder als extrem hinderlich heraus. Ein sportliches in die Kurven legen war damit nicht möglich. Außerdem erlebte ich schmerzhaft, dass ab einer gewissen Geschwindigkeit auch ein Fahrrad mit Stützrädern in Kurven umfallen kann. Bald verlor ich den Spaß am Fahrradfahren. In der Nachbarschaft beobachtete ich den etwas älteren Paul beim Fahrradfahren – allerdings fuhr er ohne Stützräder, so dass er einerseits viel schneller fahren konnte als ich und vor allem in Kurven nicht umfiel. Das wollte ich auch unbedingt können.

Ich bat meinen Vater, die Stützräder abzumontieren. Mit voller Freude und klopfendem Herzen stand ich dabei. Endlich konnte ich wie Paul schneller um die Kurve fahren. Wie gewohnt stieg ich auf, trat in die Pedale und fiel sofort um. Was war geschehen? Erst jetzt realisierte ich, dass ich mit den Stützrädern auch ein großes Stück Sicherheit aufgegeben hatte. Aber um schneller vorankommen zu können, um mehr Spaß zu haben, musste ich dieses Risiko wohl eingehen. Sonst konnte ich Paul nie mit dem Fahrrad folgen oder ein Rennen mit ihm fahren. Doch jedes Mal fiel ich nach ein paar Metern um. Der Sturz war sehr schmerzhaft. Sollte ich aufgeben? Mein Ziel war es, endlich ohne Stützen Fahrrad zu fahren. Doch um das zu erreichen musste ich gedanklich einen neuen Weg gehen, bevor ich fahren konnte. Ein neuer Plan musste her! So musste mein Vater mir das Fahrradfahren ohne Stützräder beibringen, indem er neben mir herlief und dabei das Fahrrad festhielt. Das gab mir wieder Sicherheit. Mit der Zeit trat ich immer kräftiger in die Pedale und wurde schneller und schneller. Ich genoss den Rausch der höheren Geschwindigkeit und merkte gar nicht, dass mein Vater das Fahrrad schon längst losgelassen hatte und ich alleine fuhr. Von dem Tag an wurde ich immer sicherer. Durch tägliche Übung wurde aus Unsicherheit Sicherheit und das Fahrrad über Jahre hinweg mein bester Freund.

Laut Wikipedia bezeichnet Sicherheit einen Zustand, der frei von unvertretbaren Risiken ist oder als gefahrenfrei angesehen wird. Mit dieser Definition ist Sicherheit sowohl auf ein einzelnes Individuum als auch auf andere Lebewesen, auf unbelebte reale Objekte oder Systeme wie auch auf abstrakte Gegenstände bezogen.

Doch wie in der obigen Anekdote beschrieben, stehen Sicherheit, Freiheit und Risiko immer in einem direkten Miteinander. Jeder einzelne Mensch ist im Alltagsleben an eine große Anzahl Regeln, Richtlinien, Normen, Vorschriften und Einschränkungen gebunden. Diese sichern aus staatlicher und sozialer Sicht unser geordnetes Zusammenleben. Auf der einen Seite streben viele Menschen nach größtmöglicher Freiheit. Doch welches Risiko jeder einzelne bereit ist für seine Freiheit einzugehen, bleibt stets individuell zu betrachten, entscheidet auch jeder für sich selbst.

Was ist, wenn aus Unselbstständigkeit Selbstständigkeit wird?

Ist das nicht ein starkes Gefühl? Wenn man sich total selbstsicher fühlt? Was löst das in Ihnen aus? Man weiß, was man kann, fühlt sich gut, stark in der Eigenständigkeit, handelt für sich selbstständig.

Jeder, der Kinder hat, weiß, dass Kinder bis zu einem gewissen Alter unselbstständig sind. Gerade nach der Geburt und auch in den ersten Lebensjahren ist ein Kind alleine nicht überlebensfähig. Es braucht Fürsorge, Zuwendung, die Berührung von Eltern oder Freunden, Bekannten, um überhaupt am Leben geordnet teilhaben zu können. Aus dieser Behütungsverpflichtung heraus erkennen Eltern es oft erst zu spät, dass sich ihre Kinder zu selbstständig denkenden und handelnden Menschen entwickelt haben. Spätestens wenn der Satz des Kindes ertönt: „Papa, Mama, ich ziehe aus!" realisieren die Eltern, dass aus dem vermeintlichen Kind eine selbstständige Person mit eigenem Willen und Wünschen geworden ist. Doch egal, wie selbstständig der junge Mann oder die junge Frau ist – in den Augen der Eltern bleibt es bis zum Lebensende immer das Kind.

Auch Sie, liebe Leserinnen und Leser, sind irgendwann diesen Schritt bewusst gegangen. Sie haben sich vom Elternhaus losgelöst und Ihr vermeintlich eigenes Leben begonnen. Unabhängig sein, frei sein, nach Hause kommen, ohne dass Mutter nachts um 4 Uhr an der Tür steht und fragt: „Wo warst du so lange?" Sie sind das Risiko eingegangen, Ihr eigenes Leben zu gehen. Sie haben einen ersten großen Schritt auf Ihrem Weg zur Selbstständigkeit getan.

Ein weiterer großer Schritt in die Selbstständigkeit ist für viele berufstätige Menschen, ihr eigenes Unternehmen zu gründen – egal, ob als Künstler, Freiberufler oder selbst als Unternehmer. Haben Sie sich schon mal gefragt, warum so viele Menschen den Weg in die Selbstständigkeit suchen? Ich möchte es Ihnen gern verdeutlichen.

Ein Unternehmen, eine Behörde oder auch jeder Organisation beruht auf Regeln und Richtlinien. Diese funktionieren nur, wenn klare Prozesse eingehalten werden. Als Mitarbeiter haben Sie die Wahl, diese Firmenvorschriften zu akzeptieren. Dafür bekommen Sie monatlich ein gewisses Entgelt, das Ihnen gefühlte Sicherheit gibt, Ihre Bedürfnisse nach Essen, Wohnen, Ferien und vielleicht auch nach Luxus zu befriedigen. Der Preis dafür ist allerdings eine berufliche Unselbstständigkeit. Sie tanzen immer nach der Pfeife eines anderen, bekommen Vorgaben, die zu erfüllen sind. Im schlimmsten Fall denken Sie selbst gar nicht mehr darüber nach, sondern funktionieren nur noch. Das bringt Sie immer weiter von sich selbst, Ihrer Eigenwahrnehmung, Erreichung Ihrer Ziele weg. Sie folgen immer einer anderen Spur. Das führt im schlimmsten Fall zu Burnout und/oder einer Depression. Sie kommen an einen Punkt an, an dem Sie gelebt werden, statt Ihr eigenes Leben zu führen.

So ging es auch mir jahrelang. Im Laufe meiner Karriere durch zahlreiche internationale Konzerne bin ich immer weiter aufgestiegen, folgte brav der Spur der Konzernleitungen. Oft war ich anderer Meinung, hatte andere Ideen, die ich jedoch im Firmeninteresse zurückstellte, schließlich hatte ich ja Konzernanweisungen und Ziele zu befolgen. Ich möchte nicht verleugnen, dass ich dafür auch ein ansehnliches Gehalt erhalten habe. Doch im Jahr 2002 gelang es mir nicht mehr, die gesetzten Unternehmensziele mit meinen persönlichen Wertevorstellungen zu vereinbaren. Ich hatte die Wahl zwischen gut weiterverdienen, somit eine gewisse Sicherheit zu haben, dafür auf meine Werte zu verzichten oder ein Risiko einzugehen, vorerst nicht zu wissen, wie und woher das Geld zum Leben kommt, dafür aber ruhigen Gewissens meine Werte zu leben und meine Herzenswünsche zu verwirklichen. Ich ging das Risiko ein, die Spur der Konzerne zu verlassen und ab sofort meinen eigenen Weg zu gehen.

FRAGE: **Verzichten Sie auf Ihre Wünsche und Werte und fühlen Sie sich glücklich und zufrieden dabei?**

Sie haben mittlerweile schon Routine. Bei einem JA legen Sie dieses Buch bitte zur Seite. Bei einem NEIN freue ich mich, Sie weiter auf Ihrem Weg zu begleiten.

ÜBUNG: WÜNSCHE KUNDTUN

Wertvolle Wünsche – und ich meine damit nicht die finanziellen – sollten Sie sich regelmäßig erfüllen. Das kann unter Umständen zum Beispiel eine ICH-Zeit sein, das bedeutet, sich einfach einmal Zeit für sich selbst zu nehmen. Gönnen Sie sich doch pro Woche einfach einmal drei Stunden nur für sich selbst. Das sind nicht mal 30 Minuten pro Tag. Nehmen Sie zum Beispiel ein

Entspannungsbad, gehen Sie an der frischen Luft spazieren, lesen Sie ein gutes Buch, investieren Sie in Ihre Bildung oder treffen Sie sich zum Kaffee mit einer Freundin oder einem Freund. Wann haben Sie sich das letzte Mal eine „Ich-Zeit" gegönnt? Welche drei Wünsche erfüllen Sie sich in den nächsten vier Wochen?

1.
2.
3.

Erfüllte Wünsche tun der Seele gut. Sie zaubern ein Lächeln auf Ihr Gesicht und stärken Ihr Selbstbewusstsein und Ihre Selbstsicherheit. Denken Sie ruhig auch mal an sich und nicht immer nur an Ihre Arbeit, Ihre Beziehung, Ihre Kinder. Auch Sie sind ein wertvoller Mensch, der sich Wünsche leisten darf.

Nachfolgend erlauben Sie mir einen Gastbeitrag zum Thema Wünsche und Selbstständigkeit von Isabella Kortz.

Mein Weg in die Freiheit der Selbstständigkeit

Ich werde den Tag nie vergessen, als ich – damals noch als festangestellte Redakteurin in der Verlagsgruppe Random House – den Coachingtag „Ich bin Chefin" von Sonja Becker in München besuchte. Das war im September 2010. Den Begriff „Coach" kannte ich damals nur aus dem Fußball-Kontext. Aus purer Neugier war ich der Einladung einer meiner Autorinnen gefolgt, die mir die Teilnahme empfahl, weil sie bemerkt hatte, dass ich den Wunsch hegte, mich eines Tages selbstständig zu machen und meine eigene Chefin zu sein. Zu Unizeiten hatte ich wohl den ein oder anderen „Workshop" besucht, aber die Begegnung mit Sonja Becker übertraf alles, was ich bis zu dem Zeitpunkt unter Fortbildung verstand. Aus dem Business-Kontext kannte ich außerdem auch nur Hosenanzüge bei Geschäftsfrauen, aber Sonja Becker stand in einem eleganten Kleid mit tollem Schmuck vor unserer Gruppe. Und als sie sich vorstellte und ihre eigene Geschichte erzählte, hatte ich ein aufgeregtes Kribbeln im Bauch, weil ich endlich mein erstes wirklich weibliches Vorbild zum Thema Entrepreneurship vor mir hatte! Was mich auch sehr beeindruckte war, dass sie umgeben war von einem kooperativen Team. Mit absoluter Präzision erfasste Sonja Becker mein Wesen und setzte mit wenigen, aber dafür umso eindrücklicheren Worten die Initialzündung für das, was später in meinem Leben tatsächlich passieren sollte. Sie sagte: „Du hast das Zeug zur Unternehmerin und kannst dich sofort selbstständig machen. Und du bist auch eine Komikerin." Tief in meinem Inneren spürte ich, dass sie Recht hatte. Nach dem besagten Coachingtag nahm ich vier Monate später an meinem ersten High Performance Leadership-Training zum Thema „Abenteuer Team" in Südafrika teil. Dort gewann ich das Selbstvertrauen und den Mut und lernte die wichtigsten Businesstools für eine erfolgreiche Selbstständigkeit. Als ich aus Kapstadt nach München zurückgekehrt war, änderte ich fast alles. Ich startete endlich das Leben, nach dem ich mich schon lange gesehnt hatte: Ich kündigte meine Festanstellung, machte mich selbstständig als Scout für Autoren und Verlage und traute mich außerdem, nebenbei auch meine Bühnen-Leidenschaft auszuleben.

Beide Seelen in meiner Brust, die Liebe zu guten Geschichten/Büchern und der Schauspielerei, gipfelten in der Begegnung mit meinem großen Bühnenvorbild Otto Waalkes – aus der inzwischen ein Verlagsvertrag entstanden ist, den ich vermittelt habe. Parallel dazu bin ich, übrigens schwanger mit meinem ersten Sohn, mit der Show „Männerschnupfen" auf meine erste eigene Tournee durch den deutschsprachigen Raum gestartet. In Kooperation mit Peter Buchenau, der das gleichnamige Buch verfasst hat. Alleine wären all diese Meilensteine in meinem Leben niemals möglich gewesen. Es waren stets die Verbindungen zu echten Kooperationspartnern sowie zu meinem Leadership-Coach Sonja Becker, die all diese „Wunder" ermöglicht haben. Mit Worten kann ich gar nicht ausdrücken, wie dankbar ich dafür bin. Heute habe ich genau das abwechslungsreiche, überdurchschnittliche Leben, von dem ich damals als Festangestellte nur geträumt hatte.

Wie steigern Sie Ihre Sicherheit und Selbstständigkeit?

Es beginnt mit einem kleinen Wort, das aus vier Buchstaben besteht. Schade ist nur, dass unzählige Menschen mit diesem Wort erhebliche Schwierigkeiten haben, es überhaupt über die Lippen zu bringen. Sie fühlen sich schon beim Gedanken daran unwohl und haben ein schlechtes Gewissen, wenn sie es doch mal sagen: das Wort NEIN. Ein klares JA zum NEIN ist ein weiterer wichtiger Schritt auf Ihrem Weg zu mehr Selbstsicherheit und Selbstständigkeit.

JA-Sager sind Mitläufer, oft ohne eigene Meinung. Mit einem klaren NEIN erkennen Sie schnell, dass Sie selbst einen großen Einfluss auf die jeweilige Situation haben, mehr auf Ihre eigenen Wünsche, Ihr inneres Gefühl hören, dadurch präsenter sind und stärker wirken. Und Präsenz und Wirkung sind bekanntlich zwei Grundlagen für Persönlichkeit. Sie werden erstaunt sein, wie viel öfter Sie mit einem NEIN respektiert werden, als wenn Sie zu allem JA und Amen sagen.

ÜBUNG: NEIN SAGEN

Antworten Sie bei Ihrem nächsten Einkauf an der Wursttheke, nachdem Sie 200 Gramm Salami geordert haben, auf die Nachfrage der freundlichen Fleschereifachverkäuferin „Darf es ein bisschen mehr sein?", charmant lächelnd – auch wenn es Ihnen schwerfällt: „NEIN, vielen Dank". Das ist eine sehr einfache Übung, denn es geht hier um das Brechen einer über Jahre hinweg aufgebauten Gewohnheit. Es ist viel bequemer JA zu sagen, denn ein NEIN bedarf oft einer Konfrontation.

So denken leider viele Menschen, nur keine Konfrontation eingehen. Warum nur? Ein NEIN kann für sich alleine stehen und braucht keine Rechtfertigung, sondern Mut.

Mehr Tipps zum NEIN sagen finden Sie in meinem Buch „Nein gewinnt", welches ich 2014 im Springer Verlag geschrieben habe. Wussten Sie, dass es in Griechenland sogar einen „Nein-sage"-Feiertag, den Ochi-Tag gibt? Dieser ist nach dem Nationalfeiertag am 25. März, der an die Befreiung Griechenlands von der osmanischen Herrschaft erinnert, der zweitwichtigste Feiertag Griechenlands.

Der Ochi-Tag wird jährlich am 28. Oktober gefeiert und erinnert an die Ablehnung des von Benito Mussolini am 28. Oktober 1940 an Griechenland gestellten Ultimatums vor dem Beginn des Griechisch-Italienischen Krieges. Dieses Ultimatum wurde Präsident Metaxas am besagten Tag in seinem Haus im Athener Vorort Kifissia vom italienischen Botschafter Emanuele Grazzi übergeben. Es beinhaltete die Forderungen, dass Griechenland Italien erlauben sollte, griechisches Territorium zu betreten und nicht näher spezifizierte „strategisch wichtige Punkte" zu besetzen. Eine Ablehnung dieser Forderung würde mit Krieg beantwortet werden. Metaxas' Antwort lautete: „Sowohl die Sache, als auch die Art und Weise sehe ich als Kriegserklärung Italiens." Wie Grazzi in seinen Erinnerungen schreibt, lautete die wörtliche, auf Französisch formulierte Antwort Metaxas' „Alors, c'est la guerre" („Nun, dann ist Krieg"). Grazzi erwiderte daraufhin: „Pas nécessaire, mon excellence" („Nicht notwendigerweise, Exzellenz"), woraufhin Metaxas entgegnete: „Non, c'est nécessaire" (etwa: „Doch, es ist notwendig"). Dieser Dialog wurde im Nachhinein mit einem schlichten „Nein", auf Griechisch „ochi" verkürzt, so Wikipedia.

Übrigens, ist Ihnen bei den Fragen aufgefallen, bei welcher Antwort ich Sie eingeladen habe weiterzulesen? Richtig, wenn Ihre Antwort NEIN war. Sie sehen also, Sie sind schon mitten im Prozess zu mehr Selbstsicherheit und Selbstständigkeit.

NEIN sagen ist nur ein kleiner Schritt, um mehr Selbstsicherheit zu gewinnen. Suchen Sie sich weitere kleine Herausforderungen. Und ja, es ist Arbeit, denn jede noch so kleine überwundene Herausforderung bildet für Sie ein kleines Erfolgserlebnis, das Sie Tag für Tag motiviert und immer mehr Selbstsicherheit gewinnen lässt.

Fangen Sie an, kleine Forderungen zu stellen, etwa Dinge, die Sie sich schon immer gewünscht haben. Im Job zum Beispiel einen ergonomischen Bürostuhl, in der Familie, dass alle am Sonntagmorgen zum gemeinsamen Frühstück anwesend sind oder bei Freunden, dass Sie auch mal entscheiden, in welche Kneipe es geht. Das sind alles nur Kleinigkeiten, doch es gibt eine klare Devise: Nur wer fordert, wird gehört. Wer gehört wird, wird beachtet. Wer beachtet wird, dem gebührt Respekt. Sie werden feststellen, mit jeder Forderung fällt es Ihnen zunehmend leichter.

Auf einmal nimmt das Umfeld Sie wahr. Die Beteiligten spüren, dass Sie „da" und im Leben sind. Dadurch rutschen Sie mehr und mehr in den Mittelpunkt. Hier ist wichtig: Setzen Sie stetig weitere, kleine Triggerpunkte für sich selbst. Ein Beispiel: Das kann ein auffälliges Kleidungsstück sein. Ich trage deshalb gern immer etwas Rotes an mir. Rot hat eine Signalwirkung, ist auffällig, sofort sichtbar. Das kann eine Uhr mit rotem Armband sein, ein roter Schal oder eine rote Krawatte oder vielleicht auch rote Schuhe. Das Rote nehmen andere Personen wahr, sofort entsteht Augenkontakt, was Ihnen die

Möglichkeit zum Small Talk eröffnet. Es baut schnell eine Verbindung zum Gegenüber auf. Nutzen Sie diese wertvolle Chance und weichen Sie auf keinem Fall dem Augenkontakt anderer aus. Augenkontakt und Selbstsicherheit stehen im direkten Einklang. Menschen, die den Blickkontakt zu anderen Menschen aufbauen und halten können, wirken standfester. Selbstsicherheit und Selbstständigkeit sind garantiert. Seien Sie mutig!

FRAGE: Meinen Sie, dass mehr Selbstsicherheit und Selbstständigkeit Ihnen schaden?

Wie immer: Bei einem JA legen Sie das Buch zur Seite, bei einem NEIN freuen Sie sich auf den nächsten Schritt. Um zu untermauern, wie wichtig NEIN sagen ist, erlaube ich mir, Ihnen folgende Geschichte zu erzählen.

Ich sitze in der Straßenbahn, fühle mich wie ein Fischstäbchen in der Tiefkühlpackung und atme den „Duft der gelebten Arbeitswelt" ein, als mein Telefon klingelt. Um mich herum jede Menge Menschen, die wie ich an diesem Tag müde von der Arbeit kommen und nach Hause wollen, die durch den Bus lärmen, wieder andere haben sich dank Ohrstöpseln stoisch von der Außenwelt abgekapselt. Der Rest versucht kontemplativ die innere Ruhe zu bewahren. Mein Handy klingelt weiter und ich ziehe es genervt aus der Tasche. Eine Freundin ruft an und wünscht sich Unterstützung, schildert kurz ihre Situation und ich gehe freundlich und ohne Grenzen zu setzen auf sie ein. Ich höre mich selbst sagen „Ja, klar, ich erledige das doch gern für dich bis morgen früh". Nach dem Auflegen wird mir wieder einmal bewusst, dass ich erneut über meine eigenen Grenzen gestiefelt bin. Das JA kommt immer noch leichter über die Lippen als das N-E-I-N. Das Gute daran, ich erkenne es für mich und versuche gegenzusteuern. Diesmal hat es nicht funktioniert, doch ich arbeite daran!

Die Situation kommt Ihnen bekannt vor? Schön, dann fühle ich mich gleich nicht mehr so alleine! Doch Scherz beiseite. In vielen Studien wird dieses Phänomen gerne Frauen zugeschrieben, doch es passiert auch vielen Männern, dieses spontane „JA", jedoch in anderen Situationen, etwa wenn eine Frau gezielt und taktisch das „Weibchenschema" auflegt, schick angezogen mit den Wimpern klimpert und den Mann charmant um etwas bittet. Während dieser dann noch etwas flirty und verträumt hinterher schaut, sich in seiner Männlichkeit bestärkt fühlt, merkt er erst später, dass er ihm eigentlich zusätzliche Arbeit zugeschoben wurde – ohne es zu merken.

Deshalb ist es wichtig, sich selbst den eigenen Raum zu nehmen und vor allen Dingen sich innerlich bewusst zu sein, was man in solchen Situationen macht, welche Antworten man gibt. In meinem Fall hätte es schon geholfen, wenn ich erst gar nicht an das Telefon gegangen wäre, sondern einfach einmal in der Straßenbahn gesessen wäre, durchgeatmet und mich auf mein Zuhause gefreut hätte. Dort angekommen hätte ich die Nachricht in Ruhe abhören, mir Gedanken machen und darüber klarwerden können, was ich selbst möchte, inwieweit ich helfen kann. Kein Mensch erwartet, dass wir uns wie der Westernheld Jesse James verhalten und sofort und schnellstens eine Antwort liefern. Auch hier gilt es ehrlich zu sich selbst zu sein: Ja, ich bin auf dem Nachhauseweg. – Ja, der Tag war sehr fordernd. – Ja, ich bin gerade sehr müde. – Ja, ich lasse das Handy einmal in der Tasche. – Ja, ich atme durch, lasse den Arbeitstag entspannt ausklingen. – Ja, ich entscheide für mich selbst, wann ich etwas tue, zum Beispiel ans Telefon gehen.

Kein Freund der Welt wird sauer sein, wenn man etwas aufrichtig und ehrlich ablehnt. Deshalb habe ich mir eine kleine Verhaltensweise bei einer Veranstaltung des Dalai Lama abgeschaut. Ich war damals auf einer seiner sehr beeindruckenden Veranstaltungen in Bamberg. Er hielt an diesem Tag einen Vortrag, im Anschluss dessen dem Publikum die Möglichkeit geboten wurde, ihm Fragen zu stellen. Alle 7000 Personen, die an diesem Tag in der Halle waren, durften eine Frage einreichen. Davon wurden zehn Fragen ausgewählt. Diejenigen, deren Frage gestellt wurde, durften auf die Bühne kommen, wo der Moderator die Frage laut vorlas. Der Dalai Lama antwortete, authentisch, offen, respektvoll, ehrlich. Was mich an dem Tag jedoch beeindruckte, war sein Verhalten bei einer Frage, auf die er nicht sofort eine Antwort hatte. Aus meiner Sicht konnte man die Frage mit einem einfachem JA oder NEIN beantworten. Doch der Dalai Lama erbat sich – zum Erstaunen aller – eine Bedenkzeit. In der Halle herrschte eine derartige Stille, dass man eine Stecknadel hätte fallen hören. Der Dalai Lama saß fünf Minuten auf seinem Stuhl und dachte nach, bevor er in aller Ruhe seine Antwort gab. Ich war völlig beeindruckt! Weniger von seiner Antwort, sondern vielmehr, weil er sich einfach die Zeit nahm, um zu überlegen und nachzudenken, bevor er antwortete. Mir wäre in diesem Moment das Herz vor Aufregung aus der Brust gesprungen. Dazu noch vor 7000 Menschen im Raum, die alle auf die Antwort warteten! Die meisten von ihnen und auch ich hätten wahrscheinlich an seiner Stelle sofort eine Antwort gegeben, allein schon wegen der Erwartungshaltung des Publikums oder einfach, um die Leere mit Worten zu füllen. Sich in diesem Moment innerlich klar zu sein, in sich zu sein und genau zu überlegen, was man ausdrücken möchte, sich dabei noch die nötige Zeit zu nehmen, erfüllt mich mit Respekt. Ich hätte diesen Mut damals nicht aufgebracht.

Wie ist es mit Ihnen? Hätten Sie den Mut aufgebracht, in sich zu ruhen, sich Zeit zu nehmen und offen, ehrlich zu äußern, was Sie denken und fühlen? Vor 7000 Personen?

ÜBUNG: **SAMMELN SIE IN RUHE INFORMATIONEN, LASSEN SIE SICH ZEIT!**

Lassen Sie uns gedanklich noch einmal auf Ihren Reisewunsch zurückkommen. Haben Sie sich schon mit dem neuen Gedanken beschäftigt, wohin Ihre Reise geht? Vielleicht kennen Sie jemanden, der schon an Ihrem Wunschziel war? Mein Vorschlag: Treffen Sie sich doch mal mit dieser Person zum Kaffee oder laden Sie sie zum Essen ein. Ich bin mir sicher, wenn Sie dieser Person erzählen, wohin Sie verreisen möchten, wird man Ihnen viele Tipps geben. Fragen Sie nach den besten Restaurants. Fragen Sie, was Ihrem Gast besonders gefallen hat, aber auch was nicht. Was würde er Ihnen auf alle Fälle empfehlen? Und schon bekommen Sie mehr und mehr Selbstsicherheit, was sich anschließend vor Ort, wenn Sie an Ihrem Wunschort angekommen sind, sofort in Selbstständigkeit wandelt. Ist das nicht ein gutes Gefühl? Mit wem können Sie über Ihr Wunschziel sprechen, wer war schon dort und könnte Ihnen darüber berichten?

Name:

Diese Wissensbereicherung nennen wir übrigens Empowerment. Was befähigt Sie, diese Reise zu tun und sich selbst diesen Wunsch zu erfüllen? Dazu gut vorbereitet zu sein und ohne schlechtes Gewissen an Ihrem Wunschort sein zu dürfen. Das ist wunderbar!

S

PÄDAGOGIK

U

R

E

N

Lerne und gehe deinen Weg

Das Wort Pädagogik kommt aus dem altgriechischen und bedeutet – vereinfacht übersetzt – die Kunst, die Technik, die Wissenschaft der Kindesführung. Ich beschreibe es auch als das Führen und Leiten, nicht nur von Kindern, sondern auch von Erwachsenen. Pädagogik oder neudeutsch die Erziehungswissenschaft sind Bezeichnungen für eine wissenschaftliche Disziplin, die sich mit der Theorie und Praxis von Bildung und Erziehung auseinandersetzt. Laut des Philosophen Immanuel Kant ist Pädagogik eine Handlungswissenschaft, die Praxiswissen zur Verfügung stellt, um Mündigkeit und Selbstbestimmung zu fördern. Aus meiner Sicht heißt das: Lerne und gehe deinen Weg.

Was ist, wenn aus Regeln, Richtlinien und Normen Kreativität wird?

Mit Sicherheit haben einige von Ihnen in Ihrer Kindheit mit Lego-Steinen gespielt. Das Schöne daran war, dass wir als spielende oder bastelnde Kinder unserer Kreativität freien Lauf lassen konnten. Es war egal, ob das Flugzeug auf einmal breitere Flügel hatte oder das Haus plötzlich mehr Türen und Fenster hatte, als in der Bauanleitung vorgegeben war. Doch ehrlich, wen von uns hat das damals als Kind interessiert? Wir haben aus vielen, bunten Steinen etwas Kreatives im einfachen Stil erschaffen, ohne „Bauvorgaben". Die einfachen Lego-Steine haben uns ermuntert, ideenreich und kreativ zu sein.

Das Gute daran, wie fast alle Kinder konnten wir ohne großen Aufwand überall spielen. Wir brauchten dazu keine perfekte Ausstattung oder Einrichtung, nur etwas Kreativität. Mein Bett zum Beispiel wurde oft zum Indianer-Tipi umgebaut. Unter der Decke konnte ich – von außen unbeobachtet – mit

Indianer- und Cowboy-Figuren spielen. Oft habe ich auch stundenlang unter der Decke mit einer Taschenlampe bewaffnet Comics gelesen. Diese Höhle war mein geschützter Raum, gab mir Wärme und Sicherheit. Oft habe ich auch im Wohnzimmer oder im Flur Fußball gespielt, da Türen sich hervorragend als Fußballtore eigneten. Gerade wenn meine Eltern außer Haus waren und ich einen Freund zu Besuch hatte, war stets ein Fußballspiel im Gange. Ich möchte nicht unerwähnt lassen, dass dabei so manches Möbelstück oder Blumenvase zu Bruch ging. Dann haben wir als Kind natürlich versucht, das Zerborstene wieder zu reparieren. Das gelang mir meist weniger gut und so folgte natürlich erstmal eine Strafe, als meine Eltern den Schaden dann entdeckten. Die schlimmste Strafe war für mich Hausarrest. Es war einfach so was von langweilig, im Haus bleiben zu müssen, während sich draußen in der Natur das wahre Leben abspielte. Wie oft bin ich dann ausgebüchst, habe erneut die Regeln und Vorschriften meiner Eltern gebrochen, und wurde dafür dann mit weiteren Strafen belegt. Meist mit weiterem Hausarrest oder mit so langweiligen Aufgaben, wie Bürgersteig kehren. Das gehörte damals zum guten Ton – weil es alle anderen am Samstag taten. Hausarrest war für mich damals die härteste Strafe, denn diese begrenzte meine Kreativität auf mein Zimmer. Heute ist Hausarrest schon lange keine Strafe mehr. Im Gegenteil, Kinder sind froh, wenn sie das Haus nicht verlassen müssen. Schließlich müssten sie sich ja körperlich bewegen und würden etwas für ihre körperliche Fitness tun. Das Schlimmste, was viele Eltern ihren Kindern heutzutage aufbrummen können, ist, das WLAN abzuschalten und die Internetverbindung zu kappen. Sie merken sofort, dass sie nicht mehr alleine im Haus leben. In Sekundenschnelle wird ihnen die ungeteilte Aufmerksamkeit der Kinder zuteil, plötzlich stehen sie im Mittelpunkt – wenn auch nicht in positiven Sinne. Sicherlich ist das nicht überall der Fall, doch ich wage zu behaupten, dass viele von Ihnen diese Situation kennen. Als Kinder konnten wir damals extrem schnell und mühelos Rollen wechseln. Innerhalb weniger Augenblicke wurden wir vom Cowboy zum Indianer, von der Prinzessin zur Hexe, vom Supermann zu Batman oder vom Stürmer zum Torwart. Unserer Kreativität waren keine Grenzen gesetzt. Wir waren das, was wir genau in diesem Moment sein wollten. Wir waren auch sehr erfinderisch, was neue Worte betraf. So wurde aus dem Radiergummi schon mal der Wegmacher oder aus dem Piloten der Flugzeugflieger. Erinnern Sie sich an Worte, die Sie als Kind damals erfunden haben? Halten Sie einmal kurz inne, kramen Sie in Ihren Erinnerungen. Welche Worte fallen Ihnen dabei ein bzw. lassen Sie zum Schmunzeln bringen?

Die wichtigste Lektion, die ich rückblickend aus meiner Kindheit aber mitgenommen habe, ist, dass ich damals im Hier und Jetzt, in der Gegenwart lebte. Ich machte mir keine Gedanken oder schon gar keine Sorgen über die Zukunft. Auch über die Vergangenheit dachte ich nicht groß nach. Ich konnte das Geschehen ja doch nicht mehr ändern. Wenn ich beim Fußball-spielen die Vase von der Anrichte heruntergeschossen hatte und diese zer-brach, dann war das halt so. Ich musste mit dieser Situation leben.

Da fällt mir gerade ein: Erinnern Sie sich noch an einen, aus heutiger Sicht garantiert belanglosen Streit mit Ihrer besten Freundin oder Ihrem besten Freund? Da flog dann schon mal eine Schaufel durch den Sandkasten im Kindergarten, was auch wehtat. Doch keine 5 Minuten später war der Streit vorbei und zwischen Ihnen wieder „alles in Butter". Zumeist war schnell eine Lösung gefunden, die Rollen getauscht oder bei der Kindergärtnerin gepetzt. Sie waren kaum nachtragend. Doch wie sieht das heute aus? Wie fühlen Sie sich in Situationen auf der Arbeit oder in der Familie, wenn Konflikte nicht angesprochen bzw. geklärt sind?

> FRAGE: **Wollen Sie weiterhin allen Regeln, Richtlinien und Normen folgen, nur weil andere meinen, das sei gut für Sie?**

Ist Ihre Antwort JA, legen Sie das Buch bitte für eine Zeit zur Seite. Bei einem NEIN dagegen, werden Sie aktiv.

ÜBUNG: WERDEN SIE ZUM EXPERTEN

„Aktiv sein", in Bezug auf Ihre Reise, heißt nun, dass Sie sich zu Ihrem neuen Reiseziel Gedanken gemacht haben. Doch mit Wünschen allein erreicht man keine Ziele. Daher ist es wichtig, dass wir gemeinsam ins Handeln kommen. Sie haben Ihren Wunsch im Visier, Ihr Ziel vor Augen. Sie wissen jetzt, JA, ich möchte etwas außerhalb meiner Routine tun und erleben. Ihre Ängstlichkeit verwandelt sich in Mut und Tatendrang. Ihr neues Ziel ist klar, Sie haben in sich hineingehört, haben Ihren Wunsch geäußert und sich Informationen von Freunden oder Bekannten beschafft. Googeln Sie einfach mal Ihr neues Reiseziel. Bestimmt gibt es Erfahrungsberichte von Menschen, die ähnlich ticken wie Sie. Vielleicht gibt es sogar Berichte von Menschen, die bereits begonnen haben, Ihren eigenen Weg zu gehen. Die jetzt vielleicht noch einen Vorsprung haben, weil sie sich schon auf ihren eigenen Weg gemacht und alte Muster durchbrochen haben. Sie sind jetzt bereits auf einem guten Weg, eigene Pfade zu beschreiten. Folgen Sie daher nicht nur den Reiseempfehlungen anderer, nehmen Sie jeweils das Gute aus all diesen Reiseempfehlungen und machen Sie IHR Eigenes und Besseres daraus.

Wer sich nicht be-WEGt, wird be-WEG-t.

PETER BUCHENAU

Was ist, wenn aus Passivität Aktivität wird?

Oder auch anders ausgedrückt: „Wer sich nicht verändert, wird verändert". Im Wort „Bewegung" steckt das Wort „WEG" – Ihr Weg zu sich selbst und der Weg zum Ziel.

Ein Kind ist immer aktiv. Es läuft, entdeckt Neues, ohne groß nachzudenken. So war es auch bei mir. Die Spielmöglichkeiten im Kindergarten reichten mir nicht aus. Ich wollte mein Umfeld, meine Welt für mich erobern und entdecken. So oft es ging, zog ich mit meinen Großeltern in den Wald. Ich bin ihnen heute noch von ganzem Herzen dankbar dafür, was ich von beiden lernen durfte. Angefangen von den Namen der Bäume, Pflanzen, Sträucher und Beeren. Eine der größten Freuden für mich war das gemeinsame Pilze sammeln. Mein Großvater lehrte mich zu unterscheiden, welcher Pilz essbar war und welcher nicht. Noch heute profitiere ich davon, wenn ich zum Beispiel auf dem Markt nur die schmackhaftesten Pilze aussuche. Auch lernte ich von meinem Großvater viel über den Umgang mit Tieren: Zu welcher Zeit sieht man Rehe oder Hirsche am besten, wohin verläuft ihre Fressroute? Wie muss man sich anpirschen, um das Wild aus nächster Nähe zu sehen? Alles Begebenheiten und Aktivitäten, die ich später beim Cowboy-und-Indianer spielen immer zielorientiert einsetzen konnte. Am meisten lernte ich, dass man selbst aktiv sein muss. Auf dem Sofa oder vor dem

Laptop kann man den Wald nicht kennenlernen. Sondern nur, indem man sich selbst auf den Weg macht, diesen geht, kennenlernt, ihn erspürt und dabei Erfahrung sammelt.

Aktiv sein heißt allerdings auch, sich bemerkbar zu machen. Wer in der Schule nie den Finger hebt, wird wahrscheinlich dem Lehrer kaum auffallen. Je aktiver man ist, desto mehr übernimmt man im besten Fall Verantwortung für sich, sein eigenes Handeln.

Tue Gutes und berichte darüber!

Sicherlich kennen Sie Donald Duck und seine Neffen Tick, Trick und Track. In einer der zahlreichen Geschichten sind die vier im Yellowstone-National-park als Pfadfinder unterwegs. Donald gerät – wie so oft – in eine mehr oder weniger brenzlige Situation und – wie sollte es auch anders sein – rettet nicht er als Erwachsener die Kleinen, sondern seine Neffen ihn. Solche Situationen kennen auch wir alle zur Genüge. Während wir Erwachsene manchmal über etwas Kniffeligem sitzen, verhelfen uns Kinder spontan und mit Kreativität zu einer Lösung, was uns manchmal erst verblüfft, dann zum Schmunzeln bringt. Doch kommen wir wieder zurück auf die Pfadfinder, die wissen, dass gute Taten etwas Wichtiges sind. Ich baue hier eine Brücke dazu ein. Bei all der Schnelligkeit, dem Druck, wenig Zeit und dem Geld verdienen frage ich Sie: Wann haben Sie das letzte Mal jemandem von sich ausgeholfen, eine gute Tat begangen? Ohne, dass Sie Geld verlangt haben? Oder es ein Mittel zum Zweck war? Wir alle kennen das Gefühl, jemandem eine große Freude gemacht oder einen Gefallen getan zu haben. Die Freude des Gegenübers zu sehen, schenkt einem sehr viel Energie. Ich habe vermehrt festgestellt, dass Menschen heute viel mehr auf sich selbst fokussiert sind, was häufig dazu führt, dass das Gute zu kurz kommt oder sogar komplett hinten runterfällt.

Hierzu eine kleine Geschichte.

An einem trüben, nebligen Herbstmorgen stand ich mit unzähligen anderen Gleichgesinnten an der Haltestelle und wartete auf die Straßenbahn. Um mich herum erwachte die Stadt langsam, die Straßenlaternen erhellten trübe die Häuserfassaden, die Menschen waren in Mäntel und Schals eingepackt, die Geschäfte öffneten nach und nach und die ersten Einkäufe wurden erledigt. Ein Mann im Rollstuhl, circa 80 Jahre alt, mit Hut und schief sitzender Jacke rollte sich mühselig mit einem Bein an der Haltstelle entlang. Es war auffällig. Ich sah mich um, ob nicht doch jemand bei ihm war, der ihn begleitete, ihm half. Vielleicht ist seine Frau, die ihn auf seinem Weg unterstützt, irgendwo in der Nähe? Oder eine Pflegekraft? Doch es war niemand da. In diesem Moment kam die Straßenbahn und er versuchte mühselig, alleine in diese Straßenbahn zu kommen. Viele Menschen strömten hinein, an ihm vorbei, jeder musste ihn zwangsläufig sehen und wahrnehmen, doch keiner half ihm. Da ich hinter ihm stand, sprang ich um den Rollstuhl herum und fragte ihn von vorne, indem ich in sein Gesicht sah, ob ich ihm helfen soll. Er nickte und sagte, er müsse zum Hauptbahnhof. Ich versuchte, ihn mit seinem schweren Rollstuhl in die Straßenbahn zu hieven. Obwohl ich mich unübersehbar abmühte, half hier niemand freiwillig. Ich sprach einen jungen Mann an, der dann mit anpackte. Ich dankte ihm von Herzen für die Hilfe. Was mich außerdem bewegte war, dass die Türen der Straßenbahn so schnell schlossen, dass wir samt Rollstuhl in der Tür eingeklemmt wurden. Erst da wurde mir bewusst, dass die schnelle Anfahrt der Straßenbahn, das sehr kurze Halten, das rasche Öffnen und Schließen der Türen so wenig Zeit lässt, dass es für Menschen mit Behinderung kaum möglich ist, selbstständig in die öffentlichen Transportmittel zu kommen. Das hat mich, nachdem ich selbst im Moment keinen Pflegebedürftigen in der Familie habe, nachdenklich gestimmt. Als der ältere Herr am Hauptbahnhof angekommen war, habe ich ihn mit dem jungen Mann, der mir bereits beim Einladen geholfen hat, von der Straßenbahn wieder hinausgefahren. Er hat sich von ganzem Herzen bei uns bedankt. Während wir unsere Reise in der Stadt fortsetzten und uns darüber unterhielten, dass Menschen mit Handicap in unserem Leben ohne Hilfe es sehr schwer haben, kämpfte er sich zunächst ohne weitere Hilfe im Leben vorwärts. Das machte mich wirklich betroffen.

Wann haben Sie zuletzt eine gute Tat vollbracht, ohne Gegenleistung zu erwarten? Oder einfach einmal Ihre Hilfe angeboten? Wie steht es um Ihr Mitgefühl anderen, aber auch sich selbst gegenüber?

Wann haben Sie das erste Mal Verantwortung übernommen?

Bei mir war es in der 7. Klasse als Klassensprecher. Das war im Prinzip meine erste Führungsaufgabe. Im darauffolgenden Jahr war ich schon im Schulsprecher-Ausschuss. Der Vorteil, es gab immer etwas in der Schule zu besprechen und zu klären und als Bindeglied zwischen Lehrern und Schülern konnte man sich direkt an den zu diskutierenden Themen beteiligen. Gute Kommunikation und Umsetzung waren wichtig. Ein weiterer positiver Aspekt war, dass man als Schulsprecher diverse Vorteile hatte. Für mich damals Management im Kleinen.

Nach der Schule folgte die Ausbildung in einem großen Chemieunternehmen. Sie erinnern sich, die Schauspielerei blieb mir vom Elternhaus versagt. Wie in jedem anderen großen Unternehmen funktionierte diese Firma durch Einhaltung von Regeln, Richtlinien und Normen. Als aktiver, aufgeschlossener Mensch gefiel es mir so gar nicht, mich nur meiner zugeordneten Aufgabe zu widmen. Es fiel mir schwer. Als junger, beeinflussbarer Mensch geriet ich dann auch in den Sog der Gewerkschaft. Natürlich wollte ich dem Proletariat helfen, im Kampf gegen die übermächtigen Konzerne. Aber mit zunehmender Erfahrung merkte ich, dass die Gewerkschaften ja auch nichts anderes sind als Unternehmen, die auf die eine oder andere Weise massiven Einfluss auf ihre Gewerkschaftsmitglieder nahmen und in ihrem Denken und Handeln beeinflussten. So wurde auch hier aus Passivität, also reines Gewerkschaftsmitglied zu sein, Aktivität. Mein „Funktionieren" in diesem System brachte mir neue Funktionen ein, basierend auf dem Erfüllen der Vorgaben. Aus dem jugendlichen Gewerkschaftsmitglied wurde der Jugendvertreter und ein Jahr später saß ich bereits im Bundesjugendausschuss der Gewerkschaft. Daraus entstanden zwei große Vorteile. Erstens war ich unkündbar und zweitens lernte ich, wie Unternehmen und Gewerkschaften ticken. Aus dieser Erfahrung heraus möchte ich Ihnen folgenden Tipp geben:

Fordern Sie stetig!

In all meinen Anstellungsverhältnissen, vom einfachen Angestellten bis zum Top-Manager, habe ich mehrmals jährlich Gehaltserhöhungen gefordert.

Jedes Mal, wenn mir etwas gut gelungen war, jedes Mal, wenn ich für das Unternehmen etwas Positives erreicht hatte, stand ich kurze Zeit später bei meinem Chef und forderte mehr Gehalt. Natürlich bekam ich die Gehaltserhöhung nicht immer. Aber bis auf eine Ausnahme, war ich in allen Unternehmen immer innerhalb meiner Altersgruppe der am besten entlohnte Mitarbeiter. Wenn Sie nie eine Gehaltserhöhung fordern, werden Sie nie eine bekommen. Werden Sie aktiv. Fordern Sie für sich selbst und Ihre Leistung eine gerechte Entlohnung. Werden Sie aktiv und stehen Sie für sich ein!

Was ich Ihnen außerdem auf den Weg geben möchte: Übernehmen Sie auch außerhalb Ihres Berufs Verantwortung. Es ist ein Unterschied, ob Sie in einem Fußballclub Mitglied sind oder im Vorstand sitzen. Es ist ein Unterschied, ob Sie einem Berufsverband angehören oder eine Vorstandsposition innehaben. Als Mitglied laufen Sie hinterher, als Vorstand können Sie Wege bereiten, Spuren hinterlassen und andere folgen Ihnen. Aus Passivität wird Aktivität. Sind Sie dabei?

FRAGE: **Sind Sie mit dem, was Sie zurzeit verdienen oder beruflich tun, zufrieden und glücklich?**

JA? Gut, dann legen Sie das Buch wieder zur Seite. Bei einem NEIN dagegen, mobilisieren Sie Ihre Kraft und werden aktiv.

ÜBUNG: FORDERN UND WÜNSCHEN SIE

Ihr Gehalt ist nur das Ergebnis Ihres Handelns. Welche beruflichen Erfolge fallen Ihnen während der letzten drei Monate ein, an denen Sie maßgeblich beteiligt waren? Was haben Sie in der letzten Zeit Außergewöhnliches geleistet oder welche Aufgabe haben Sie extrem gut bewerkstelligt? Konnte das Unternehmen von diesen Erfolgen profitieren und wachsen? Wenn ja, dann schreiben Sie diese drei Erfolge stichpunktartig auf:

1.
2.
3.

Falls nein, warten Sie so lange, bis Sie mindestens drei Erfolge ausweisen können. Diese Erfolge sollten aber innerhalb eines Jahres liegen. Sobald Sie diese drei Punkte erfüllt haben, vereinbaren Sie einen Termin mit Ihrem Vorgesetzten. Dabei ist jedoch Folgendes sehr wichtig: Äußern Sie die Bitte um mehr Gehalt aufgrund Ihrer guten Leistung, die Sie klar benennen und erläutern können. Das kommt beim Gegenüber positiver an, als wenn Sie mehr Gehalt einfordern. Zwischen einer Bitte und dem Einfordern gibt es einen gravierenden Unterschied. Sie können vielleicht durch Fordern auch Ihr Gehalt positiv verändern, doch baut Fordern beim Gegenüber negativen Druck auf und bleibt auch meist haften. Deshalb empfehlen wir Ihnen Ihre Erfolge auf sachlicher Ebene mit einer Bitte zu äußern.

Natürlich werden Sie nicht jedes Mal mit einer Gehaltserhöhung das Büro des Vorgesetzten verlassen. Es bedarf auch einer gewissen Hartnäckigkeit und Stehvermögens. Doch wenn Sie Ihren Wunsch nie kundtun, werden Sie auch kaum berücksichtigt. In diesem Fall müsste Ihnen die Göttin Zufall schon sehr gewogen sein. Zudem hat Ihr Chef meist selbst einen Chef. Jedoch erfüllt man Wünsche lieber als Forderungen. Daher wünschen Sie, das bringt Sie auch in jeder Beziehung weiter.

Was ist, wenn aus Unwissenheit Wissen wird?

Grundlage jeglichen Erfolgs ist das Wissen. Allerdings hat sich der Wert des Wissens in den letzten Jahren drastisch verändert. Früher waren es die Wissensberufe wie Lehrer, Arzt oder auch der Pfarrer, denen von ihren Mitmenschen die höchste Anerkennung und der größte Respekt entgegengebracht wurde. Heute hat Dr. Google die Bedeutung dieser Berufe in ihrer ursprünglichen Form nahezu überflüssig gemacht. Jeder Schüler googelt schneller die Antwort auf die Frage des Lehrers als dieser sie überhaupt an die Tafel schreiben kann. Jeder junge Patient kommt mit einer detaillierten Vorinformation zu seiner vermeintlichen Erkrankung zum Arzt, die er zuvor anhand seiner Krankheitssymptome im Internet „recherchiert" hat. Dank Google, Wikipedia und Co. ist im Internet heute so ziemlich alles auffindbar.

Auch Unternehmer und Führungskräfte dürfen umdenken. Früher war ebenfalls das unternehmerische Wissen in Form von Strategien, Prozessen, Produkten und Wettbewerbervergleich der größte Führungs- und Erfolgsfaktor eines Vorgesetzten. Heute kann ich als Angestellter ebenfalls alles im Internet erfahren.

Die Währung „Wissen ist Macht" wurde abgelöst in: „Ich weiß, wo es steht!"

So erfahren gerade diese Berufsgruppen eine große Veränderung. Vom allwissenden Lehrer, vom übermächtigen Unternehmer wird zukünftig der Begleiter, Coach, Mentor und Freund gefordert. Das klassische Wissen hat in Zukunft ausgedient. Neue Wege sind gefragt.

Diese Erfahrung habe auch ich in meinem Leben gemacht. Aus einem der zahlreichen Netzwerk-Gurus Ende der 1980er- und Anfang der 1990er-Jahre, wurde ein ganz anderer Mensch. Bestimmte am Anfang meiner Kariere mein Wissen über Computernetzwerke und digitale Vernetzungstechnologien meinen Erfolgsweg, ist es heute das Arbeiten mit Menschen. Das hat auch meine Währung, im übertragenen Sinne, verändert. Diese heißt nicht mehr Fachwissen, sondern heute die Fähigkeit Menschen auf ihrem Weg zum Erfolg zu begleiten. Diese Veränderung fiel mir relativ leicht, weil für mich der Mensch immer im Mittelpunkt steht. Auch als Führungskraft in den unterschiedlichsten Konzernen und mittelständischen Unternehmen habe ich immer den Menschen individuell respektiert, anerkannt und diesen Mitarbeiter auf seinem Erfolgsweg begleitet. Führen heißt mit Menschen SINN-voll zu arbeiten, Führung heißt Menschen lieben, sie akzeptieren, sie annehmen und in ihrer Weiterentwicklung unterstützen. Und je höher ich in meiner Kariere stieg, desto bewusster und klarer wurde mir das. Ich habe es mir zur Herzensaufgabe gemacht, Menschen zu begleiten.

Zum Thema Mensch, Herzlichkeit und den eigenen, selbstbestimmten Weg gehen, habe ich von meinem jahrelangen Mentor Jorge gelernt. Ich erinnere mich noch sehr gut an die Situation, als ich im Frühjahr 1997 sein Büro in der europäischen Zentrale in London betrat. Jorge wurde kurz zuvor mein Vorgesetzter und ich durfte zum Antrittsbesuch erscheinen. Bevor ich überhaupt nur eine Frage stellen konnte, stellte mir Jorge nach einem kurzen Begrüßungssmalltalk folgende Frage:

Jorge: „Peter, wann ist eine Führungskraft erfolgreich?"

Ich: „Wenn die Zahlen stimmen und die Ziele erreicht werden!"

Jorge: „Peter, geh in dein Büro und komme morgen mit einer anderen Antwort wieder."

Mehr als verdutzt ging ich aus seinem Büro. Natürlich machte ich mir Gedanken, was wohl die richtige Antwort sein sollte. So betrat ich am nächsten Tag wieder sein Büro und sofort kam seine Frage:

Jorge: „Peter, wann ist eine Führungskraft erfolgreich?"

Peter: „Wenn die Shareholder und Analysten zufrieden sind und die Aktienkurse steigen."

Jorge: „Peter, geh in dein Büro und komme morgen mit einer anderen Antwort wieder."

Dieses Verhalten empfand ich als ungewöhnlich. Deshalb war ich noch erstaunter als am Vortag. Ich ging zurück und ich sage hier ganz offen, dass ich damals völlig konsterniert war. Das erste Mal hatte ich keine passende Antwort für einen meiner Vorgesetzen parat. Und ich schlief in der Nacht überhaupt nicht gut. Tag 3, neuer Versuch:

Jorge: „Peter, wann ist eine Führungskraft erfolgreich?"

Peter: „Jorge, ich weiß keine Antwort mehr, bitte hilf mir!"

Jorge: „Peter, du bist als Führungskraft erfolgreich, wenn alle deine Mitarbeiter erfolgreich sind. Arbeite nie für deinen eigenen Erfolg, arbeite immer für den Erfolg deiner Mitarbeiter!"

Dieser Satz hatte so viel Gefühl, Herzlichkeit und Schönes an sich, dass dieser heute noch als erster Satz auf meiner Webseite steht. Jorge zeigte mir damit, auf mein Herz zu hören, meinen Weg zu gehen und das umzusetzen, was ich von Herzen wollte. Menschen glücklich, zufrieden und erfolgreich zu machen, Menschen zum Lachen zu bringen. Jorge hat mich über Jahre als Mentor begleitet, meinen Weg zu finden. Noch heute sind wir die besten Freunde, obwohl wir gut 3000 km auseinander wohnen. Er war das beste Kick-off für ein neues, gedankliches Mindset in meinem Leben.

Und so möchte auch ich Ihnen heute ein Zitat schenken, das vielleicht Ihr Leben verändern wird. Lesen Sie es sich laut vor, vielleicht mehrmals hintereinander und lassen Sie es wirken.

Tue das, was du kannst, und nicht das, was du gelernt hast.
PETER BUCHENAU

Tun Sie das, was Sie am besten können

Leben Sie das, wofür Ihr Herz brennt, leben Sie das, was Ihnen Spaß macht, und nicht das, was Sie gelernt haben. Folgen Sie Ihrer Spur. Sie fragen sich jetzt, kann man damit erfolgreich sein? JA! Sehr sogar. Sie können sehr viel Geld damit verdienen, sobald Sie anfangen, Ihrer Spur zu folgen. Anna Wintour, Marc Wahlberg, Gisele Bündchen, Cameron Diaz, Marc Zuckerberg, Steve Jobs, Michael Dell, Henry Ford, Evan Williams oder Richard Branson sind nur einige berühmte Beispiele. Ein Teil von ihnen hat die Schule vorzeitig verlassen, manch andere haben überhaupt keinen Abschluss. Diese heutigen berühmten Persönlichkeiten sind ihrem Herzen gefolgt und haben das gemacht, was sie am besten konnten. Anna Wintour beendete mit 15 die Schule und stieg zum bekanntesten It-Girl Londons in ihrer Zeit auf. Heute gilt sie als einflussreichste Frau der Modewelt und bestimmt seit fast 30 Jahren als Chefredakteurin der VOGUE die neusten Trends. Evan Williams gilt als einer der Mitgründer von Twitter und hat unter anderem die Plattform Blogger ins Leben gerufen. Mitte der 1990er Jahre entschied er sich, das Studium an der Universität von Nebraska-Lincoln abzubrechen, um sich schließlich ganz seiner Leidenschaft zu widmen.

Neben diesen Prominenten gibt es unzählige Menschen, die aufgrund ihrer Leidenschaft, ihres Talents oder ihrer Liebe für sich selbst erfolgreich, glücklich und zufrieden geworden sind. Auch ich gehöre dazu. Gelernt habe ich Elektrotechnik und ich habe einen Abschluss in Qualitätsmanagement. Diese Ausbildungen halfen mir, mich im Laufe meiner Kariere zu behaupten, mich immer weiter zu entwickeln und immer neue Positionen im Management zu erreichen. Richtig glücklich wurde ich damit allerdings nie. Zwar hatte ich Geld, war jedoch nicht zufrieden. Vieles blieb auf der Strecke. Beruflicher Erfolg hat seinen Preis, den man früher oder später bezahlt. Angefangen bei Freundschaften, Beziehungen bis hin zu meiner Gesundheit. Würde mich heute jemand fragen, was ich in meinem Leben anders machen würde, hätte ich nochmal die Chance dazu, würde ich sagen: „Ich würde sehr viel früher für mich selbst einstehen, meinem Herzen folgen und meinen eigenen Weg gehen!"

Diese Einsicht kam mir leider mit 40 Jahren viel zu spät. Sie erinnern sich, ich wollte Schauspieler werden, doch schlussendlich wurde ich, nachdem ich auch ein High Potential-Programm durchlaufen hatte, einer der sogenannten Top-Manager in Konzernen. Ich hatte beinahe alles, es ging mir finanziell bestens, doch glücklich war ich nicht. Es ging mir nicht um mehr Geld, mehr Macht oder um weiter oben in der Hierarchie zu stehen, es ging um was ganz anderes. Es war der stete Kampf zwischen meinem Kopf und meinem Herzen. Anders ausgedrückt, es war der Kampf zwischen meinem Verstand und meiner Leidenschaft. Erst als mir ein sehr guter Freund und Mentor half, einen Perspektivenwechsel vorzunehmen, legte sich der Kampf Verstand gegen Herz. Er empfahl mir, meine berufliche Karriere als Theaterrolle anzusehen. Jeder Karriereschritt, jede neue berufliche Herausforderung oder jede neue Position war nichts anderes als eine Schauspielrolle auf der Bühne des Lebens. Als ich diese Sicht auf meine Karriere verinnerlicht hatte, war ich frei und konnte endlich den ersten Schritt in Richtung Herzensangelegenheit tun.

Heute ist diese Einsicht 18 Jahre her und es gab viele Steine und Hindernisse auf meinem Weg. Ich kann Ihnen nur raten: Gehen Sie Ihren Weg, vertrauen Sie Ihrer Kraft und Intuition, wie auch ich es getan habe. Heute lebe ich meine Leidenschaft. So stehe ich von Herzen auf der Bühne, schreibe liebend gerne Bücher und helfe anderen Menschen dabei, ihren Weg zu finden, zu verinnerlichen und ihn mutig zu gehen. Viele meiner Coachees oder Mentees sind dadurch zum ersten Mal im Herzen frei und unabhängig.

FRAGE: **Wollen Sie weiterhin von anderen Menschen abhängig sein?**

Bei einem JA legen Sie das Buch zur Seite und fangen erst wieder an zu lesen, wenn Sie bereit sind, Ihren Weg zu mehr Unabhängigkeit zu gehen. Ist Ihre Antwort NEIN, willkommen auf einem weiteren Schritt auf Ihrem Weg zu Glück, Zufriedenheit und innerlichem Erfolg.

ÜBUNG: BRECHEN SIE AUS DER GRUPPE AUS

Sie sind am Reiseziel angekommen. Unmittelbar vor Ihnen folgt eine Horde Menschen einem Reiseführer, der ein Fähnchen in der Luft schwenkt. Der Reiseführer führt die Menschenmenge zu den Sehenswürdigkeiten, die alle sehen wollen. Er führt die Gruppe vorbei an Souvenirshops, wo alle einkaufen. Er erzählt seit Jahren die gleichen Geschichten. Dank Ihrer guten Vorbereitung im Vorfeld, für sich selbst und Ihre Reise, sind Sie empowert. Sie sind vorbereitet. Sie wollen mehr erfahren, sich abseits des Stroms bewegen und gehen eigene Wege, entdecken Neues.

Überlegen Sie sich nun bitte: Wo haben Sie die Möglichkeit, sich abseits des Stroms zu bewegen? Einige Beispiele habe ich Ihnen schon genannt, wie zum Beispiel im Supermarkt von der Kasse her einzukaufen. Oder wie wäre es, wenn Sie der Dame an der Supermarktkasse einfach mal ein Kompliment machen? Auch diese Beschäftigten freuen sich gerne über ein Lächeln, ein von Herzen kommendes „Danke" oder eine kleine Schmeichelei, besonders kurz vor Kassenschluss. Welche drei Möglichkeiten fallen Ihnen ein?

1.
2.
3.

S
P
R **UNABHÄNGIKEIT**
E
N

Un-FREI-heit vs. FREI-heit: Was ist, wenn aus Abhängigkeit (Un-FREI-heit) auf einmal Unabhängigkeit (FREI-heit) wird?

Ich war, was das betrifft, ein Spätzünder. Die erste Unabhängigkeit beginnt in der Regel für einen Menschen, wenn er das behütete Elternhaus verlässt. Bei mir war das mit 26 Jahren. Viele Menschen lösen sich bereits viel früher, manche später und manche gar nicht. Erinnern Sie sich: Wie haben Ihre Eltern reagiert, als Sie Ihnen eröffneten, dass Sie ausziehen? Waren sie traurig, zeigten Verständnis oder waren sie vielleicht sogar froh, dass Sie endlich das Elternhaus verlassen und den Schritt in das eigene, selbstbestimmte Leben wagen? Wie auch immer, es ist der erste große wahrzunehmende Schritt in die eigene Unabhängigkeit/Freiheit. Auf einmal wäscht Mama nicht mehr die Wäsche, das Essen steht nicht mehr regelmäßig auf dem Tisch, man lernt mit dem Geld hauszuhalten und überlegt sich unter anderem auch so banale Dinge wie: „Was esse und trinke ich heute Abend?" oder „Wohin fahre ich dieses Jahr in die Ferien? Wen nehme ich mit?", aber vor allem: „Kann ich mir das überhaupt leisten?"

Für die meisten Menschen ist dieser Schritt, das Loslösen vom Elternhaus, der wichtigste Schritt in die Unabhängigkeit bzw. in die Selbstverantwortung. Als unabhängig bezeichnet man umgangssprachlich den Zustand der Selbstbestimmung, Souveränität, Selbstverwaltung oder Entscheidungsfreiheit. Anders ausgedrückt ist Unabhängigkeit in der idealistischen Philosophie die Fähigkeit, sich als Wesen der Freiheit zu verstehen und aus dieser Freiheit heraus zu handeln.

Unabhängigkeit entwickelt sich in der Regel periodisch. Gebremst wird die Unabhängigkeit häufig durch die Faktoren Erziehung, Schule, Ausbildung und durch den eigenen Charakter. Aus meiner Erfahrung heraus ist Unabhängigkeit erlernbar. Doch zuvor müssen eine reife Selbstständigkeit, ein gesundes Selbstbewusstsein und die Eigenschaft, sich Ängsten stellen zu können, erreicht sein.

Wichtig zu wissen: Eine absolute hundertprozentige Unabhängigkeit gibt es nicht! Wie schon anfangs erwähnt, sind wir von Regeln, Richtlinien und Normen, von der Gesellschaft, deren Regeln, Richtlinien, Normen und Gesetzen, von Geld und Vorschriften immer irgendwie abhängig und darin eingeordnet. Doch das sich Selbst-bewusst-sein von eigenen Potenzialen, Kräften und Zielen hat einen großen Einfluss auf unsere Unabhängigkeit.

Es gibt viele Menschen, die einen „Nine-to-five-Job" haben und glücklich damit sind. Diese haben sich dem jeweiligen Unternehmen angepasst und genießen die dadurch vermeintliche Sicherheit. Die meisten dieser Menschen, vor allem wenn sie keine Führungsposition innehaben, arbeiten 30 bis 50 Jahre, um am Ende ihrer beruflichen Tätigkeit auf eine immer mickriger werdende Rente zu hoffen. Leider ist diese Einstellung „Ich arbeite hart und stetig, um später Rente zu bekommen" in unserem Kulturkreis immer noch der *Leit*gedanke, der später sprichwörtlich zum *Leid*gedanken werden kann. Viele begeben sich dafür in ein Hamsterrad, das sich im Laufe der Zeit immer schneller dreht. Auch ich war jahrelang in diesem Hamsterrad gefangen und habe es anfänglich überhaupt nicht wahrgenommen. Sie kennen sicherlich den Spruch „Auch ein Hamsterrad kann von innen wie eine Karriereleiter aussehen". Ich selbst habe 23 Jahre lang, fünf Tage Arbeit gegen zwei Tage Freiheit getauscht. Und schlimmer noch, je mehr ich mich im Hamsterrad abgestrampelt habe, je erfolgreicher ich wurde, umso weniger Zeit, Geld und Zufriedenheit kam für mich dabei heraus. Vielleicht werden Sie sich nun fragen, wieso weniger Geld? Weniger Zeit und Zufriedenheit können Sie ja noch nachvollziehen, aber weniger Geld? Das kommt auf die Betrachtungsweise an. Schauen Sie Geld nur als Gehalt oder Lohn an, dann gebe ich Ihnen Recht. Mein Gehalt stieg über Jahre konstant. Mit jeder Beförderung, mit jeder neuen und gut gelösten Aufgabe erschien ein größerer Betrag auf meinem Gehaltszettel. Aber welchen persönlichen Preis bezahlte ich für mein Gehalt?

Durch das „Höher, Weiter, Schneller" und das daraus resultierende Abstrampeln im Hamsterrad, mit dem Versuch es immer noch allen und jedem Recht zu machen, verzichtete ich auf das – heute im Nachhinein betrachtet – wichtigste Gut: Ich verzichtete auf Zeit. Genauer gesagt tauschte ich Freizeit und persönliche Lebenszeit gegen Geld.

Die Konsequenz: Dadurch blieb meine Ehe auf der Strecke. So manch einer von Ihnen wird nun zustimmend bei dem Thema nicken. Denn durch mein eigenes Verhalten war ich viel zu selten zuhause, um die angenehmen Seiten einer Ehe und auch meine Lebenszeit zu genießen. Anstelle Zeit mit meiner Ehefrau zu verbringen, arbeitete ich 12 bis 16 Stunden täglich für meine Karriere. Um mein schlechtes Gewissen zu beruhigen, kam ich mit teuren Geschenken wie Schmuck, Handtaschen, Kosmetik, Gutscheine oder Reisen nach Hause. Finanziell fehlte es meiner Frau an nichts. Und wenn ich dann doch irgendwann zu Hause war, ging ich mit ihr shoppen. Ich kaufte mein Gewissen im übertragenen Sinne frei. Ich tauschte Ehefrau gegen Geld.

Wenn ich heute auf diese Situation zurückblicke, ist es der daraus entstandene Umstand, dass ich kinderlos geblieben bin, was ich in meinem Leben bereue und vermisse. Ich war zu sehr in der von mir selbst akzeptierten Abhängigkeit meiner Karriere gefangen, mit der Folge, dass ich schlichtweg keine Zeit für Kinder hatte. Ich sagte mir immer: „Kinder kannst du später noch haben, wenn du ganz oben auf der Karriereleiter angekommen bist." Und so wurde ich älter und älter. Erfand immer neue Ausreden, wie ein Kind meiner Karriere schaden würde. Belog mich damit selbst und beruhigte mein Gewissen. Als ich es dann endlich eingesehen hatte, war es bereits zu spät. Die Ärzte diagnostizierten bei mir eine stressbedingte Zeugungsunfähigkeit. Ich tauschte Kinder gegen Geld. Das war der Preis meines eigenen Handelns, den ich dafür bezahlte. Eine bittere Pille, die zu schlucken war. Und letztlich nur durch fehlendes Innehalten, Sich-Selbst-Bewusst-Sein, den eigenen Weg zu gehen.

Proportional zu meiner Karriere verschlechterte sich meine körperliche und geistige Gesundheit. Da ich zu wenig Zeit hatte, trieb ich so gut wie keinen Sport mehr. Meine Nahrung bestand während der Geschäftszeiten meist aus Fastfood. Schließlich muss alles immer schnell gehen. In dieser Phase nahm ich durch den ganzen Stress nicht einmal wahr, was ich aß, erkannte nicht, welches Aroma das Essen hatte und ob es mir überhaupt schmeckte. Zu den unzähligen, für diesen Berufsstand üblichen Geschäftsessen kam noch Alkohol hinzu. 90 Prozent meiner Arbeitszeit verbrachte ich im Sitzen, in langen Meetings mit reichlich Kaffee und Kuchen sowie zuckerhaltigen Süßgetränken, auf langen Autofahrten oder in unzähligen Business Class

Flügen. Meine Zeit bestand aus Arbeiten, Reisen, überproportionale Nahrungsaufnahme und wenig Schlaf. Ich nahm 25 kg zu und hatte mittlerweile zwei Herzoperationen. Ich tauschte Gesundheit gegen Geld.

Deshalb verstehen Sie nun vielleicht meinen Ausdruck, warum ich weniger Geld hatte. Je mehr ich verdiente, je höher die Zahl auf meinem Gehaltsscheck, desto mehr gab ich für Geschenke, Reisen und vermeintliche Gesundheitsprodukte aus. Unter dem Strich blieb weniger Lebensqualität übrig und die Gesundheit und meine Seele forderten ihren Tribut. Zudem möchte ich den Begriff „Freizeit" kurz philosophisch näher betrachten. Wenn es eine „Frei-zeit", also freie Zeit gibt, ist das Gegenteil die „unfreie Zeit". Daraus kann man schließen, dass „unfreie Zeit" in enger Verbindung mit „Abhängigkeit" und für ein „Sich-Einfügen" oder Anpassen in einem System steht.

FRAGE: Wollen Sie weiterhin Ihre Freizeit in Geld umtauschen?

Sie lächeln, denn Sie kennen die Antwort. Bei einem JA legen Sie das Buch zur Seite. Bei einem NEIN, willkommen auf dem Weg zu selbstbestimmter Unabhängigkeit.

Beim Thema Freizeit gegen Geld eintauschen, fällt mir spontan folgende Geschichte ein. Eventuell haben Sie davon schon gelesen oder gehört. Da mir aber nachgesagt wird, ich sei der Indianer unter den Beratern, Coaches und Rednern, habe ich sie auf einen alten Indianer umgeschrieben. Ich erzähle sie immer wieder gern, so auch Ihnen. Machen Sie es sich mit dem Buch bequem und führen Sie sich folgende Situation vor Augen:

Es war einmal ein alter Indianer. Dieser war sehr weise und schon in die Jahre gekommen. Er gehörte mit seinem Stamm zu den letzten unabhängigen Indianern dieser Welt. In den großen Städten der Ostküste hatten längst die Zivilisierung und der Profit Einzug gehalten, während die Indianer im Einklang mit der Natur lebten. Der alte Indianer saß auf einer Lichtung in der endlosen Weite eines Waldes. Er genoss die Ruhe und lauschte dem Rauschen der Bäume, der Wind streichelte zärtlich sein Gesicht. Er vernahm, geschärft durch seine Sinne, jedes noch so kleine Tier im Wald. Der Indianer und die Natur waren eine Einheit. Vor ihm loderte ein Lagerfeuer, darüber grillte der Indianer einen Hasen. Er hatte ein Lächeln im Gesicht. Der Indianer war glücklich und zufrieden und freute sich auf seine Mahlzeit.

Plötzlich tauchte ein junger, elegant gekleideter Geschäftsmann von der Ostküste am Rande der Lichtung auf. Der alte Indianer hatte den jungen Mann schon lange wahrgenommen, reagierte aber nicht. Der Geschäftsmann stand am Rande der Lichtung und beobachtete, wie der alte Indianer den Hasen grillte. Nach einiger Zeit des Beobachtens nahm der Geschäftsmann allen Mut zusammen, ging auf den Indianer zu und startete eine Unterhaltung. Zuerst gratulierte er dem alten Indianer zu seinem Fang und fragte, wie lange er dazu gebraucht habe, den Hasen zu fangen. Der Indianer antwortete: „Nicht mal eine Stunde."

Daraufhin fragte der junge Geschäftsmann, warum der Indianer nicht länger im Wald gejagt habe, um noch mehr Hasen zu fangen. Der Indianer antwortete, dass der eine Hase ihm zum Essen reichte. Der junge Geschäftsmann fragte weiter: „Aber was tun Sie denn mit dem Rest des Tages?" Der alte Indianer antwortete: „Ich schlafe morgens aus, gehe ein bisschen jagen, genieße die Ruhe und die Kraft der Natur, unterhalte mich mit anderen Indianern, brate mir mein Essen, bewege mich anschließend und genieße dann den Sonnenuntergang, bevor ich mich wieder schlafen lege."

Der junge Geschäftsmann erklärte: „Ich bin Unternehmensberater und könnte Ihnen ein bisschen helfen. Sie sollten mehr Zeit mit Jagen verbringen und sich von dem Erlös ein besseres Gewehr kaufen. Mit dem Erlös hiervon, könnten Sie sich dann mehrere Gewehre und Fallen kaufen, die dann wiederum mehr Ertrag einbringen. Statt die Beute an einen Händler im nahen Dorf zu verkaufen, könnten Sie direkt an eine Großschlachterei liefern und schließlich eine eigene Wildverarbeitungsfabrik eröffnen. Sie könnten Produktion, Verarbeitung und Vertrieb selbst kontrollieren und auch Delikatessen aus Wild herstellen. Von dem Erlös könnten Sie sich dann ein schönes Haus an der Ostküste kaufen, mit einer riesigen Terrasse am Waldrand, von wo aus Sie sogar das Meer und die unendliche Natur sehen können. Von dort aus könnten Sie dann Ihr florierendes Unternehmen mit vielen Angestellten leiten."

Der alte Indianer fragte: „Und wie lange wird das alles zeitlich dauern?" – „So 15 bis 20 Jahre brauchen Sie schon", antwortete der junge Geschäftsmann. „Und was dann?", fuhr der alte Indianer fort. Der junge Geschäftsmann lachte und sagte: „Dann kommt das Beste! Wenn die Zeit reif ist, könn-

ten Sie mit Ihrem Unternehmen an die Börse gehen, Ihre Unternehmensteile verkaufen und sehr reich werden. Sie könnten Millionen verdienen."

Der alte Indianer sagte: „Millionen. Und dann?" – „Ja, dann," antwortete der junge Geschäftsmann mit einem Lächeln im Gesicht, „dann könnten Sie aufhören zu arbeiten! Sie könnten morgens lange ausschlafen, ein bisschen jagen, die Ruhe und die Kraft der Natur genießen, sich mit anderen Unternehmern unterhalten und ab und an einen Hasen braten. Und ganz wichtig, jeden Tag den Sonnenuntergang genießen."

Was macht diese Geschichte mit Ihnen? Haben Sie geschmunzelt? Oder macht es Sie nachdenklich? Haben Sie eine ähnliche Situation auch schon erlebt?

Sie möchten doch lieber Zeit gegen Geld tauschen? Aha. Überlegen Sie sich das genau und überprüfen Sie Ihr eigenes Handeln, denn alles hat seinen Preis. Eine ähnliche Geschichte ereignete sich im Jahr 1994, als ich beruflich drei Monate im Indischen Ozean zu tun hatte. Im Indischen Ozean vergeht die Zeit etwas langsamer, sie ist nicht so hektisch. Die Menschen, die dort leben, so habe ich den Eindruck, lachen viel mehr, sind fröhlicher, leben leichter.

Mein Arbeitstag begann in der Regel immer erst gegen 10:30 Uhr vormittags. Das war dem geschuldet, dass aufgrund der hohen Temperaturen und der extrem hohen Luftfeuchtigkeit an ein Schlafengehen vor Mitternacht nicht zu denken war. Meist gehen dort die Menschen zwischen 0 und 2 Uhr nachts ins Bett. Um diese Zeit wurde das Schlafen einigermaßen erträglich. So genoss ich sehr oft früh morgens die Ruhe und Einsamkeit am nahen Strand. Bevor ich zur Arbeit ging, morgens im Meer zu baden, ein paar Längen zu schwimmen, war einfach herrlich. Es war das Paradies.

Jeden Morgen, wenn ich am Strand war, traf ich einen einheimischen Schmuckverkäufer. Nennen wir ihn Ali, seinen richtigen Namen habe ich heute leider vergessen. Da ich oft der einzige „Tourist" am morgendlichen Strand war, kam Ali immer auf mich zu. Zuerst versuchte er mir Halsketten, Armbänder oder sonstigen Schmuck aus einheimischer Produktion zu verkaufen, doch ich wies ihn jedes Mal ab. Doch Ali gab nicht auf. Beharrlich, Tag für Tag, das gleiche Ritual. Nach etwa einer Woche sah er schließlich ein, dass er mir nichts verkaufen konnte. Trotzdem kam er jeden Morgen wieder. Und jeden Morgen fiel mir sein herzliches Lächeln auf. Mittlerweile freundeten wir uns fast schon an und wir kamen mehr und mehr ins Gespräch. Er interessierte sich für meine Aufgabe, was ich auf seiner Insel machte, ob ich mich wohlfühlte und vor allem auch, wie das Leben außerhalb des Indischen Ozeans so war. Im Gegenzug fragte ich ihn, was er so tagsüber machte, wie er seinen Lebensunterhalt verdiente und vor allem, warum er immer so freundlich grinste. Seine Antworten verblüfften mich zu der damaligen Zeit und ich stellte mir die Frage: Wie kann das sein?

Ali verdiente sein Geld mit dem Verkauf von Schmuck an die Touristen auf der Insel. Überrascht nahm ich zur Kenntnis, dass er ein für sich gesetztes Tagesziel hatte. Ali musste fünf Schmuckstücke pro Tag verkaufen. Er berichtete mir, dass er an manchen Tagen die Schmuckstücke schon um 11 Uhr verkauft hatte und an manchen Tagen erst um 19 Uhr. „Und danach?" fragte ich ihn. „Danach", so antwortete er mir mit einem breiten Grinsen im Gesicht, „danach gehe ich nach Hause, spiele mit meinen Kindern, lege mich hin, genieße den Tag, lebe im Hier und Jetzt." Das machte Ali Tag für Tag. Sobald er seinen Lebensunterhalt verdient hatte, machte er frei, genoss das Leben. Er hatte kein Bedürfnis auf Vorrat zu arbeiten, unnötig Zeit für Geld einzutauschen. Auf meine weitere Frage, warum er denn immer lächle, gab er mir einen sehr weisen Rat: „Hier auf der Insel scheint an 360 Tagen im Jahr die Sonne – sie wärmt mein Herz. Warum sollte ich da traurig sein?"

Ich musste zugeben, dass ich damals das Leben, die persönliche Einstellung und Lebenshaltung von Ali noch nicht richtig einschätzen konnte. Dafür war ich zu sehr mit meiner Karriere beschäftigt. Heute, rückwärtig betrachtet, wünschte ich mir, dass ich Ali schon viel früher kennen und von ihm gelernt hätte. Ali lebte frei und unabhängig. Sollte er irgendwann mal dieses Buch lesen, so würde es mich riesig freuen, wenn Ali sich in dieser Geschichte wiederfinden würde. Ich wünsche ihm und seiner Familie nur das Beste.

Mein Weg in die berufliche Unabhängigkeit

Es war ein grauer Herbsttag im Jahr 2002. Schon seit einiger Zeit war ich in meiner Position unzufrieden. Es war ein steter Kampf mit meinem Gewissen und meinen Gefühlen. Auf der einen Seite verdiente ich richtig gutes Geld, was mir einen hohen Lebensstandard sicherte, auf der anderen Seite war ich gefangen in den Klauen eines Konzerns. Meine persönliche Entwicklung stockte, ich funktionierte im Konzern-Hamsterrad. Wie so oft bestimmt das Schicksal manche Entscheidung. So war es der Tod meines ehemaligen Vorgesetzten, „Herzinfarkt nach getaner Arbeit". Ein Schock, der mich mein eigenes Leben hinterfragen ließ und mich endlich ins Handeln brachte. Dies war für mich ein enorm wichtiger Moment, der mir die nötige Tatkraft und den Mut für meine persönliche Veränderung verlieh. So wie er wollte ich keinesfalls enden, und das war mir jetzt mehr als bewusst! Der Konzern und ich kamen zu der Entscheidung, uns zu trennen.

Ob dies nun gut oder schlecht war, wer weiß das schon. Für mich jedenfalls begann schlagartig ein anderes Leben. Enormer Ballast fiel von mir ab und Tatendrang, Freude, Offenheit breitete sich in mir aus. Ich konnte auf einmal entscheiden, wann ich arbeitete, wann ich aufstand oder wo und mit wem ich arbeitete. Ich konnte mir Aufträge und Kunden aussuchen. Ich war nicht mehr fremd-, sondern ich war selbstbestimmt. Ich wechselte in die berufliche Unabhängigkeit und unternehmerische Freiheit. Ich möchte hier offen erwähnen, dass ich auch meine Herausforderungen hatte, es gute und schlechte Jahre gab. Manchmal verdiente ich überproportional gut, in anderen Jahren wusste ich zeitweise nicht, wie ich in der nächsten Woche meinen Kühlschrank füllen sollte. Ich tauschte erstmals nicht mehr Freizeit in Geld, ich tauschte Geld in Lebenszeit und gewann Freiheit.

Der Preis für Freiheit ist Mut!
PETER BUCHENAU

Mutig musste und wollte ich sein. Mutig, die Spur der Konzerne zu verlassen und meinen eigenen Weg zu gehen. „Folge deiner Spur, um Spuren zu hinterlassen", wurde zu meiner Lebensphilosophie. 16 Jahre sind mittlerweile vergangen und ich bereue keine einzige Sekunde. Ich befinde mich weiterhin auf meinem Weg und bin noch lange nicht am Ziel angekommen. Ein Stück meines Weges bin ich schon mit all seinen Herausforderungen gegangen und es liegt noch eine gute Strecke vor mir. Ich freue mich täglich auf jeden weiteren, neuen Schritt, den ich gehe und gehen darf, um eigene Spuren zu hinterlassen.

So auch heute:

Früher hätte ich mir nie einen ganzen Tag frei genommen, einen Tag lang nur für mich da zu sein. Ohne Verpflichtungen, ohne Zeitdruck, sich einfach treiben lassen, wieder mal Abenteurer sein. Nach getaner Arbeit machte ich mich sofort wieder an die nächste Arbeit, denn der nächste Workshop, das nächste Training oder die nächste Rede musste ja vorbereitet sein. Und wenn es nichts zum Vorbereiten gab, dann mussten Akquise-Tätigkeiten herhalten. Rund um die Uhr, nie kam ich zur Ruhe, ich war im eigenen Hamsterrad gefangen. So erinnere ich mich auch an die Zeit zurück, als ich in Amsterdam, Brüssel oder London gearbeitet habe. Nie habe ich mir richtig Zeit genommen, diese Städte zu genießen. Erst im Nachhinein bereiste ich als Privatmann die Städte erneut und lernte sie kennen.

Heute, an einem schönen Novembertag, ist das anders. Der Autoren-Workshop der letzten Tage lief gut, alle Teilnehmer sind mit dem Ergebnis sehr zufrieden. Es ist Freitagmorgen, ich stehe auf der Terrasse meines Hotelzimmers und genieße die angenehmen 22 Grad auf Kreta. Und wirklich zum ersten Mal, nehme ich mir heute bewusst Zeit, gönne sie mir für die getane Arbeit, so mein Gedanke. Und glaubt man Johann Wolfgang von Goethe, dann hat Erfolg drei Buchstaben, nämlich TUN. So besteige ich meinen Mietwagen und fahre Richtung Südküste, zum Syrischen Meer. Innerhalb der zweistündigen Autofahrt auf verkehrsarmen Straßen, abseits der Hauptverkehrsachsen, kommen mir höchstens zehn Autos entgegen. Ich wollte bewusst kleine Nebenstraßen fahren, durch kleine Dörfer und Städtchen, um das wahre Kreta kennenzulernen. Außerhalb der Örtchen sieht man nur eines: Olivenhaine, Olivenhaine, Olivenhaine. Immer wieder halte ich an, wenn es die Möglichkeit gibt, an erhöhten Punkten, um in die Landschaft zu schauen. Ich fühle mich frei.

Als ich einen kleinen Bergpass erklimme, erscheint endlich tief unten das Syrische Meer. Ich halte an, steige aus und genieße den atemberaubenden Blick auf die Südküste und das Meer in einem unvorstellbaren tiefen Blau.

Doch was ist das? Über meinem Kopf erblicke ich zwei kreisende Seeadler. Die Schönheit, Größe und Eleganz, wie sie sich in der Luft bewegen, rauben mir fast den Atem. Noch nie hatte ich Adler, die Könige der Lüfte, so nah in freier Wildbahn gesehen. Nach einiger Zeit, ich habe keine Ahnung wie lange ich den Adlern bei ihrem Kreisen zugeschaut habe, setze ich meine Fahrt fort und über eine sehr enge Serpentinenstraße geht's zur Südküste.

Kein Massentourismus, keine Hotelanlagen, nur kleine Örtchen mit einem gelegentlichen Gasthaus oder einer Taverne schmücken den Küstenstreifen. Hier ist die Zeit stehengeblieben. So setze ich mich in eine Taverne direkt am Fischereihafen eines kleinen Orts und genieße alleine die Ruhe, Einsamkeit und den Blick auf das Meer. Nach einer guten halben Stunde setze ich meine Fahrt fort. Etwa 15 Kilometer weiter am Küstenstreifen soll es einen imposanten Leuchtturm geben, den möchte ich mir ansehen. Doch leider schafft mein Mietwagen die Straße zum Leuchtturm nicht. Aus einer geteerten Straße mit vielen Schlaglöchern werden Schlaglöcher mit Teer herum. Schlussendlich fährt man dort, wo es am wenigsten Steine hat. Enttäuscht kehre ich nach wenigen Kilometern um und wähle eine andere Strecke. Erklimme mit dem Wagen wieder die Höhen zum Festland und entscheide mich spontan über einen auf 1300 Meter Höhe gelegenen Pass im Dikti-Gebirge in Richtung Lasiti-Hochebene zu fahren. Der Aufstieg ist nicht vergleichbar mit den Alpenpässen in der Schweiz oder Österreich. Zum Teil sind die Serpentinen so eng und steil, dass ich mit dem kleinen Mietwagen mitunter zweimal pro Serpentine vor- und zurücksetzen muss, um die Kurve herumzukommen. Und kurz vor Passhöhe sehe ich sie wieder, diesmal gleich fünf Seeadler. Welche majestätische Eleganz!

Es dunkelt schon ein, als ich auf der anderen Passseite die Serpentinen im gleichen Tempo herabfahre, wie ich auf der anderen Seite der Pass erklommen habe. Teilweise fehlten Straßenstücke, Felsblöcke behinderten den Weg und teilweise war das Flussbett zu überqueren. Nicht auszudenken, wie es ist, den Pass bei Regen zu befahren. Als ich im Hotel ankomme, ist es bereits dunkel, ich bin erschöpft, aber glücklich.

Wenn ich jetzt zurückdenke, hätte es mich im Nachhinein geärgert, nicht Arbeitszeit gegen Freizeit eingetauscht zu haben, so wie ich es so oft bei anderen Reisen getan habe. Ich bin dankbar, dass ich heute so viel erleben konnte, die Schönheit der Natur, die winzigen kleinen Dörfchen, in denen die Zeit stehen geblieben zu sein scheint und ganz zu schweigen von dem grandiosen Anblick der Adler. Was ich heute gemacht habe, können Sie auch. Wenn Sie sich das Ziel setzen, sich heute freizunehmen, dann tun Sie es auch. Und es muss nicht immer eine Reise sein oder gar ein Abenteuer. Es geht nur um die Zeit für sich. Wenn Sie wirklich Zeit für sich wollen, dann nehmen Sie sich diese. Sie haben sich selbst empowert!

FRAGE: **Haben Sie das Gefühl, Sie haben das Ende Ihres Weges bereits erreicht?**

Bei einem JA legen Sie bitte das Buch zur Seite und genießen diesen wunderbaren Moment. Ist Ihre Antwort allerdings NEIN, freut es mich sehr, Sie auf Ihrem Weg weiter begleiten zu dürfen.

ÜBUNG: **KONZENTRIEREN SIE SICH AUF DIE WICHTIGEN DINGE IM LEBEN!**

Nehmen Sie eine große Vase zur Hand. Geben Sie nun Tischtennisbälle hinein, bis die Vase voll ist und kein Ball mehr hineinpasst. Ist die Vase nun aus Ihrer Sicht voll? Aus Ihrer vielleicht ja, aus meiner Sicht nein.

Schütten Sie nun noch Kieselsteine in die Vase bis sie voll ist. Aus Ihrer Sicht ist die Vase eventuell voll, aus meiner Sicht noch lange nicht.

Geben Sie nun feinen Sand hinzu. Der feine Sand verteilt sich wunderbar in den Zwischenräumen, die durch die Bälle und dem Kies entstanden sind. Nun ist die Vase aber wirklich voll. Meinen Sie wirklich? Zum Schluss schütten Sie noch ein Flasche Bier hinzu. Das hat sicherlich auch noch Platz.

Auch wenn Sie denken am Ende angekommen zu sein, es geht immer irgendwie weiter. Wie in der kurzen Übung zuvor. Sie müssen nur aus der Passivität in die Aktivität kommen. Was aber will uns diese Geschichte noch sagen? Die Bälle sind das Rückgrat in Ihrem Leben, die wirklich wichtigen Dinge. Diese müssen immer zuerst kommen wie Sie selbst, Ihre Familie, Ihre Freunde und Ihre Gesundheit. Der Kies festigt diese Verbindungen mit Freude und Zufriedenheit. Wichtig ist, dass Sie Prioritäten setzen. Der Sand steht für die vielen anderen Aktivitäten, mit denen wir unsere Zeit verbringen. Sie können nicht mit dem Sand beginnen, denn dann haben Sie keinen Platz für die vielen Bälle, die Sie jetzt in der Vase sehen. Die Sandkörner sind nur die Nebensächlichkeiten in Ihrem Leben. Beginnen Sie mit dem Sand, haben Sie keinen Platz mehr für die wirklich wichtigen Dinge im Leben, die Sie weiterbringen und Ihnen helfen, Ihren eigenen Weg zu gehen. Zu guter Letzt fragen Sie sicherlich, was es mit dem Bier auf sich hat. Mein Rat an Sie: Egal, wo Sie sich im Leben befinden, egal, wie beschäftigt Sie sind, Sie sollten neben all Ihren Aktivitäten und bei all Ihren Terminen immer noch einen Platz für ein Bier mit einem guten Freund haben.

S
P
U
R
E
N

RÄUMLICHKEIT

Was ist, wenn aus Raumknappheit und -begrenzung Raumweite und Bewegung für alle werden?

Vor 400 Jahren gehörte den Indianervölkern fast ganz Amerika. Sie waren eins mit der Natur. Dann kamen die Europäer, besetzten das Land der Indianer und entzogen ihnen somit die Lebensgrundlagen. Dennoch überlebte die indianische Tradition. Der Drang zur Eigenständigkeit ist bis heute ungebrochen.

In Mittel- und Südamerika entwickelten sich bekannte Hochkulturen wie jeweils das Reich der Inkas, Mayas oder Azteken. Im Gegensatz zu den Hochkulturen lebten im nördlichen Amerika über 400 Völker mit eigenen Kulturen in kleinen, eigenständigen Gemeinschaften. Das Land der Indianer war Gemeinschaftsbesitz und die Häuptlinge wurden in der Regel aufgrund ihrer herausragenden Fähigkeiten im Umgang mit der Natur, dem Universum, den Tieren ausgewählt.

Alles änderte sich nach der Entdeckung Amerikas im Jahr 1492 durch Christoph Columbus. Fallensteller töteten die Tiere nicht nur zur Nahrungs- und Lebensgrundlage, sondern begannen mit dem Pelzhandel. Die Indianer empfingen die Fremden nach übermittelnden Informationen in der Regel freundlich. Die Europäer dagegen machten sich keine Mühen, die Lebensgewohnheiten und den Umgang mit der Natur zu verstehen. Für sie waren die Indianer nur Wilde und Heiden.

Es kam zu erbitterten Kämpfen. Gegen die übermächtige Feuerkraft konnten sich die Indianer kaum durchsetzen. In sogenannten Friedensverträgen verloren die Indianer ihre angestammten Territorien und damit ihren Lebensraum und wurden in Reservate vertrieben.

Mit der Fertigstellung der transkontinentalen Eisenbahn im Jahr 1869 kamen immer mehr und mehr Siedler ins Land. Mehr Siedler bedeutete aber auch mehr Nahrung und so wurden in kurzer Zeit Millionen von Büffel abgeschlachtet. 1883 waren die Büffel Nordamerikas nahezu ausgerottet. Die

Lebensgrundlage vieler Indianer war dadurch massiv gefährdet. Sie verließen ihre Reservate und kämpften gegen die Zerstörung ihrer Natur, gegen die Zerstörung ihrer Heimat und für ihr Leben. Die Armee und die mittlerweile eingesetzte Regierung antworteten mit blutigen Massakern, die Tausenden Ureinwohnern das Leben kostete. Die überlebenden Indianer leben bis heute wie Gefangene in ihren Reservaten und stehen unter der strengen Kontrolle der Regierung.

Dabei war doch Raum für alle da. Amerika als Kontinent ist so groß, dass man auch heute noch teilweise Kilometer fahren muss, um einen Nachbarn zu treffen. Auf der Fläche der Vereinigten Staaten leben 33 Einwohner pro km². Geht man davon aus, dass die meisten Menschen in den Millionenstädten und deren Randgebiete leben, gibt es noch viele Flächen ohne oder kaum Bevölkerung. Selbst in Deutschland gibt es mit 231 Einwohnern pro km² noch viel unberührte Fläche und Natur. Anders sieht das in Stadtstaaten wie Macao, Monaco, Singapur oder Hongkong aus, dort leben jeweils über 6.000 Einwohner pro km². Am meisten Platz oder die geringste Bevölkerungsdichte hat Grönland mit statistisch 0 Einwohnern pro km², gefolgt von Island und Australien mit je 3 Einwohnern pro km².

Dieser kleine Ausflug in die Geschichte zeigt uns, dass Platz für uns alle da ist, wir müssen diesen nur sinnvoll nutzen, pflegen und vor allem nachhaltig sicherstellen. Die Natur gibt uns die nötige Kraft und Freiheit.

Als ich im April 1994 eine neue Führungsposition übernahm, musste ich zuerst eine Aufgabe erledigen, die mein Vorgänger nicht erledigt hatte, nämlich die jährlichen Personalgespräche. So stand ich da, kannte keinen meiner damals 30 Angestellten und musste als erstes diese Personalentwicklungsgespräche führen. 30 Gespräche mit einer gewissen Vor- und Nachbereitung bedeuteten rund 40 Stunden Arbeit. Die Aussicht auf eine ganze Woche Personalgespräche in meinem kleinen Büro mit gerade einmal 12 m² und nur einem Fenster bereitete mir Kopfschmerzen und Übelkeit. Deshalb überlegte ich, was ich bei den Gesprächen verändern könnte, um sie für meine Angestellten und mich selbst angenehmer zu gestalten. Mein Blick fiel auf den tiefblauen Zürichsee, den dahinter leicht verschneiten Berggipfeln und auf dem Wald rechts am Fensterrand. „Führe die Personalgespräche bei einem Rundgang durch den Wald" sagte eine innere Stimme zu mir. „So kombinierst du Wissen, Ziele, Bewegung, Vertrauen und Natur." Die Idee gefiel mir und so legte ich los. Ich ging zu einem Kollegen – nennen wir ihn Paul – und erzählte ihm von meinem Vorschlag. Mit großen Augen sah er mich an. „Das hat noch niemand hier gemacht!", konterte er mit sichtlichem Widerstand. „Gut, dann fangen wir als erste Abteilung damit an", so meine Antwort. Bei den anderen Mitarbeitern der Abteilung erntete ich ähnliche Verwunderung. Aber gesagt, getan. Am nächsten Morgen starteten Paul und ich zu unserer Gesprächsrunde durch den Wald. Der Rundweg dauerte 45 Minuten und so hatte ich danach noch genügend Zeit im Büro, um den Gesprächsverlauf zu dokumentieren.

Ich war neu in der Abteilung, kannte keinen der Mitarbeiter. Doch was ich in den 45 Minuten von Paul erfahren habe, übertraf meine Erwartungen. Nicht nur, dass wir uns sachlich und fachlich über die Firma, seine Aufgaben und Ziele unterhielten, ich lernte Paul auch als Mensch kennen. Die Natur, die Bewegung, die frische Luft lieferten uns so viele neue Impulse, dass wir gar nicht merkten, wie schnell die Zeit verflog. Unsere Kreativität war grenzenlos, denn die Weite des Waldes ließ unseren Verstand explodieren. Der Wald als Raum war unendlich.

Beflügelt von dieser Erfahrung startete ich kurz danach mit Maria (auch hier wurde der Name geändert) die Runde. Wir machten die gleiche Erfahrung. Der Wald, die Natur gaben uns Kraft für viele neue Inspirationen und Taten.

Als ich mit Maria an die Empfangsrezeption des Bürogebäudes zurückkehrte, erwartete mich mein damaliger Chef. Es entwickelte sich folgende Konversation, die ich bis heute nicht vergessen habe und immer wieder gerne auch in meinen Vorträgen wiedergebe.

Chef: „Wo waren Sie, Herr Buchenau?"

Ich: „Im Wald."

Chef: „Was haben Sie dort gemacht?"

Ich: „Ein Personalgespräch geführt."

Chef: „Mit Frau Maier?"

Ich: „Ja"

Chef: „Das hat in unserem Unternehmen noch niemand im Wald getan."

Ich: „Na und?"

Chef: „Wenn Sie jemand gesehen oder gar gehört hätte?"

Ich: „Na und?"

Chef: „Wir sind aber ein amerikanisches Unternehmen."

Ich: „Na und?"

Chef: „Frau Maier ist eine Frau."

Ich: „Na und?"

Chef: „Das könnte als sexuelle Belästigung ausgelegt werden."

Ein weiteres „Na und?" musste ich hinunterschlucken. Deshalb machte ich ihm einen Vorschlag. „Sie haben mich eingestellt, um die Produktivität dieser Abteilung zu erhöhen. Lassen Sie mich meine Methoden anwenden. Sollte ich in den ersten 100 Tagen scheitern und es nicht schaffen, die Produktivität zu erhöhen, dann verlasse ich das Unternehmen freiwillig. Einverstanden?"

Auf den Deal ging er ein. Natürlich ist es mir gelungen, die Produktivität des Unternehmens zu erhöhen und was für mich noch erfreulicher war, dass mein Chef diese Idee im gesamten Unternehmen eingeführt hat. Heute noch gehen vereinzelte Führungskräfte in den Wald und halten dort Personalgespräche oder Teammeetings ab. Die Kraft der Natur und die Unendlichkeit des Waldes machten das möglich. Aus Raumknappheit, dem 12 m^2 großem Büro, wurde unendlicher Raum und Bewegung. Und wieder: Freiheit erfordert Mut.

FRAGE: Wollen Sie weiterhin beengt in Ihrem Raum arbeiten und leben?

Sie kennen die Antwort. Bei einem klaren NEIN freue ich mich, wenn Sie mich weiterhin in diesem Buch begleiten.

Aus aktuellen Studien wissen wir heute, dass Bewegung die Kreativität anregt. Daher rate ich all meinen Kunden, Bewegung in die Denkprozesse einzubauen. Raum dafür gibt es überall, nutzen Sie diesen. Ich praktiziere das seit 1994 erfolgreich. In diesem Moment sitze ich auf Kreta und vor mir erstrecken sich der Strand und das Meer. Wenn ich auf das Meer schaue, sehe ich die unendliche Weite. Wozu soll ich das Buch in einem engen Raum schreiben, wenn ich hier die Weite der Natur, die frische Luft und die Sonne als Raum nutzen kann? Sie können das auch.

Auch wenn Sie kein Meer vor der Haustüre haben, gibt es doch immer Flächen, deren Größe Sie als Raum nutzen können. Vielleicht haben Sie Lieblingsplätze, an denen Sie sich besonders wohlfühlen. Das kann auch Ihre Terrasse, Ihr Balkon, Ihr Garten, das nette Café nebenan oder der Park in unmittelbarer Nähe sein. Sie können auch ins Museum gehen, an den naheliegenden Fluss oder in den angrenzenden Wald. Ich gebe immer den Ratschlag, dass das Raumklima besonders sein muss. Hier geht es natürlich auch um gute Luft. Es verwundert mich, dass wir zwar immer darauf achten, was wir essen, was wir trinken und wie wir uns bewegen. Aber ehrlich, wer macht sich schon Gedanken, welche Luft wir gerade einatmen? In dem Raum, in dem Sie sich gerade jetzt aufhalten – wie ist da die Luft? Wie riecht sie, wie schmeckt sie?

ÜBUNG: FINDEN SIE IHREN WOHLFÜHLRAUM

Atmen Sie nun fünfmal tief durch die Nase bis in den Bauch hinein ein. Halten Sie dann die Luft ungefähr drei Sekunden in Ihrem Bauch fest, bevor Sie langsam wieder durch den Mund ausatmen. Versuchen Sie, dass das Ausatmen ungefähr doppelt so lange dauert wie das Einatmen. Wenn Sie möchten, schließen Sie dabei Ihre Augen, um sich voll und ganz auf die Atmung zu konzentrieren.

Atmen Sie tief ein – Luft anhalten – Atmen Sie aus – bitte fünfmal!

Wie nehmen Sie nun den Raum, in dem Sie sich befinden, wahr? Fühlen Sie sich wohl? Wenn nicht, dann ist der Raum, in dem Sie sich jetzt befinden, nicht förderlich für Ihre Kreativität. Was fehlt? Hilft es vielleicht, wenn Sie das Fenster öffnen? Oft sind es nur Kleinigkeiten, die einen Raum attraktiver machen. Das können Bilder, Blumen, ein Teppich oder auch ein Obstkorb sein.

Beschreiben Sie mir doch bitte nachfolgend, wie Ihr persönlicher Kreativraum aussehen soll. Egal, ob drinnen oder draußen in der freien Natur. Ein Raum wird nicht immer durch Wände begrenzt. Der Raum ist unendlich. Nutzen Sie die Unendlichkeit des Raumes. Wie könnte Ihr persönlicher Wohlfühlraum, der Kreativität in Ihnen entstehen lässt, aussehen?

1.
2.
3.
4.
5.

Sie haben nun Ihren Kreativraum beschrieben. Wann fangen Sie damit an, Ihren Raum als Ihren Raum zu erkennen, diesen für Sie gemütlich zu machen und darin zu leben?

Der wahrscheinlich beste Kindergarten der Welt

Vielleicht haben Sie sich – wie ich – schon folgende Fragen gestellt: Was ist, wenn aus Verschwendung ein sinnvoller Umgang mit nachwachsenden Ressourcen entstehen wird? Was ist, wenn aus Umweltschmutz Umweltschutz wird? Dazu folgende Geschichte.

Er gehört zu den geheimen Reichen in Deutschland und möchte daher nicht namentlich genannt werden. Nennen wir ihn nachfolgend den Visionär.

Das Gebäude in der Mannheimer Innenstadt wirkt von außen unscheinbar, gar nicht auffällig, passt in das Stadtbild. Die Eingangstür ist verschlossen. Ich klingle. Die Tür öffnet sich und ich stehe in einem langweiligen Treppenhaus, wie wir es aus vielen Städten kennen. Links stehen alte Fahrräder, zwei Fußbälle liegen am Boden und eine alte Steintreppe führt nach oben. Der Orientierungstafel entnehme ich die Information, dass sich der Empfang im zweiten Stock befindet. Ich gehe die Treppe herauf und klingle an der Eingangstür. Aus dem Augenwinkel nehme ich eine kleine Kamera rechts oben in der Ecke war. Ich höre Schritte, die Tür öffnet sich und eine dezent, aber stilvoll gekleidete Dame empfängt mich. Mir stockt der Atem. Ich stehe in der Zentrale von Herrn Visionär. Ein purer Gegensatz zur Außendarstellung. Alles wirkt edel, von den Büromöbeln, den Räumlichkeiten, von der Technik ganz zu schweigen. Dennoch wirkt es nicht protzig. Schlicht, dezent und äußert funktionell. Ich bin tief beeindruckt, welches Juwel sich hinter der Außenfassade des Gebäudes verbirgt.

Erlauben Sie mir einen kurzen, gedanklichen und spontanen Sprung zu uns Menschen. Ich erlebe sehr oft, dass hinter einer grauen und rauen Fassade oft ein Diamant verborgen liegt. Diesen Rohdiamanten zu entdecken, zu bergen, diesen Diamanten zu einem glänzenden Edelstein zu verarbeiten – das ist die Aufgabe eines guten Coaches oder eines guten Mentors. Leider gibt es davon zu wenige auf dem Markt.

Zurück zu unserem Visionär. Er hatte uns (damals arbeitete ich als interimistischer Vertriebsleiter für einen Kindergartenausstatter und Spielplatzhersteller) über seine Projektleiterin ausrichten lassen, dass er einen neuen, etwas anderen Kindergarten bauen wolle. Doch das „Neu und anders" gefiel meinem damaligen überhaupt Chef nicht. Es hätte bedeutet, alte Pfade zu verlassen und neu zu denken. Während er so viel wie möglich standardisiert und somit vergleichbar haben wollte, stand ich für Individualität ein. Dieser Konflikt war auch eine der Ursachen, dass wir uns nach drei Jahren trennten.

Deshalb finde ich es so spannend Menschen in Aktion zu sehen. Der Eine geht die ihm bekannten Wege mit geringem Risiko und hält an Altbewährtem fest. Ein Visionär ist eine Persönlichkeit, er ist eine Marke ICH. Das spürt man sofort. Er ist sehr freundlich, zuvorkommend und ganz klar in seiner Strategie. Und das ist das Wichtige: Er probiert Neues, weiß sehr genau, was er will, in diesem Fall den wahrscheinlich besten und coolsten Kindergarten der Welt und er hat den Mut, ihn umzusetzen. Der Visionär schilderte uns seine Ziele, Ideen und Überlegungen:

- „Ich möchte einen Kindergarten bauen, in dem Kind noch Kind sein darf."
- „Ich möchte einen Kindergarten bauen, in dem Kinder sich zu einer eigenen Persönlichkeit entwickeln können."
- „Ich möchte einen Kindergarten bauen, in dem Kinder den Wert der Freiheit lieben."
- „Ich möchte einen Kindergarten bauen, in dem sich Kinder aktiv bewegen."
- „Ich möchte einen Kindergarten bauen, in dem die Kinder den gesamten Raum wahrnehmen und nutzen."
- „Ich möchte einen Kindergarten bauen, in dem Kinder gesundes, ausgewogenes Essen bekommen."
- „Ich möchte einen Kindergarten bauen, in dem den Kindern der sinnvolle Umgang mit nachwachsenden Ressourcen gelernt wird."
- „Ich möchte mit diesem Kindergarten nachhaltig positive SPUREN hinterlassen."

Solche hohen Anforderungen hatte ich bis jetzt noch von keinem meiner Kunden gehört. Und auch mein Freund und Arbeitskollege, der mich bei diesem Besuch begleitete und schon unzählige, auch sehr schöne Kindergärten gebaut hatte, staunte. Es beeindruckte mich zutiefst, an diesem Projekt, an Planung, Bau und Inbetriebnahme des wahrscheinlich besten Kindergartens der Welt mitwirken zu dürfen, eventuell ein Zeitzeuge dieser Entwicklung zu werden. Ich war sofort begeistert und sicherte dem Visionär unsere Unterstützung zu.

Bei der Gelegenheit ein kurzer, gedanklicher Ausflug: Was glauben Sie, wie viel Fläche ein Kindergarten haben muss? Seien Sie gespannt:

In der Landesbauordnung ist festgelegt, wie groß ein Stellplatz für Autos sein muss. Diese sind natürlich von Bundesland zu Bundesland verschieden, aber in der Regel kann man von mindestens 12,5 m² ausgehen. Die Leitlinien für eine tierschutzgerechte Haltung von Wild in Gehegen schreiben vor, dass ein Wildschwein mindestens 2000 m² Fläche zur Verfügung haben muss. Und Kinder in Kindergärten? Die Verordnung über Mindestanforderungen an Kindertagesstätten (1. DVO-KiTaG) vom 28. Juni 2002 (Nds.GVBl. Nr. 20/2002, S. 323), geändert durch die Verordnung vom 15.11.2004 (Nds. GVBl. Nr. 33/2004, S. 457) des Landes Niedersachsen schreibt vor, dass die räumliche Mindestgröße in Kindergärten mindestens 2 m² Bodenfläche pro Kind betragen muss. Wie bitte, ein Auto 12,5 m², ein Wildschwein 2.000 m² und ein Kind 2 m²?

Zurück zu unserem Kindergarten-Projekt.

Ich brauche nicht groß zu erwähnen, dass mein damaliger Chef mich deutlich wieder auf den Boden der Tatsache zurückholte. Er wollte Standard und keine Individualität. Es bedurfte einer langen und harten Überzeugungsphase, bis er letztlich doch zustimmte, in dieses Projekt einzusteigen.

Diesen Kindergarten zu planen und zu bauen, war die eine schwierige Aufgabe. Dieser sollte in Bezug auf das Design eine Einzigartigkeit darstellen, auch durften nur Materialen aus nachwachsenden und wiederverwertbaren Baustoffen verwendet werden. Der andere schwierigere Teil aber oblag der Projektleitung, das Kultusministerium von dieser Idee zu überzeugen. Um alle oben genannten Wünsche zu erfüllen, bedurfte dies massiven Änderungen in der Bildungspädagogik. Erzieherinnen und Erzieher müssten speziell für diesen neuen Kindergarten ausgebildet werden. Kinder lernen in den ersten Jahren extrem viel von den betreuenden Personen und wenn diese das neue Konzept dieses Kindergartens in Form von Aktivität, Freiheit, Bewegung, gesunde Ernährung und den Umgang mit nachwachsenden Ressourcen nicht vorlebten, würde dieses Projekt scheitern. Entsprechend musste für die Realisierung des wahrscheinlich besten Kindergartens der Welt massiv in die Bildungspolitik des Landes eingegriffen werden. Und welche Verwaltung oder Behörde lässt das so einfach zu? Diese verzögerten das Projekt, wo sie nur konnten. Steine um Steine wurden dem Visionär in den Weg gelegt, in der Hoffnung, diese Mauern würden das Projekt zum Scheitern bringen. Doch der Visionär baute die Mauern ab und nutzte stattdessen die Steine für seine Zwecke. Aus Steinen kann man entweder eine Mauer oder auch einen eigenen Weg bauen.

Dieser Kindergarten, den ich wirklich für den besten Kindergarten der Welt halte, wird im Frühjahr 2018 in Mannheim eröffnet. Der Visionär hat SPUREN hinterlassen, er ist einen weiteren eigenen Weg gegangen. Ich durfte ihn dabei begleiten und lernte von ihm vieles für einen meiner weiteren eigenen Wege.

FRAGE: **Wollen Sie weiterhin in Ihren kleinen physischen und psychischen Räumlichkeiten eingeengt sein und auf die Größe des natürlichen Raumangebots verzichten?**

Ist Ihre Antwort JA, legen Sie dieses Buch zur Seite und lesen weiter, wenn Sie bereit sind, die Weiten des Universums zu entdecken. Ist Ihre Antwort NEIN, willkommen auf einem weiteren Schritt in Richtung Selbstbestimmung und Freiheit.

Was dieser Visionär mit seiner Vision vom besten Kindergarten der Welt gemacht hat, können Sie auch. Er hat bestehende Regeln, Normen und Richtlinien durchbrochen, ohne dabei Gesetze zu verletzen. Wie könnten Sie das umsetzen? Nachfolgend zwei Beispiele.

Erstens Ihren Arbeitsweg. Die meisten von Ihnen fahren bestimmt den immer gleichen Weg zu Arbeit. Egal, ob Sie mit dem Auto fahren oder öffentliche Verkehrsmittel benutzen. Wir Menschen sind Gewohnheitstiere und wenn wir einmal etwas gefunden haben, was uns behaglich ist, wird es zur Norm und später zur Routine. Durchbrechen Sie doch einmal die Routine und benutzen Sie eine andere Fahrtstrecke zur Arbeit. Fahren Sie ruhig einen kleinen Umweg, halten Sie einfach irgendwo an und genießen Sie die neue Perspektive. Wer täglich die öffentlichen Verkehrsmittel nutzt, nimmt meistens den gleichen Bus, die gleiche U-Bahn, dort den gleichen Wagen und wenn möglich, sogar den gleichen Sitzplatz. Wir passen uns an. Wie wäre es, wenn Sie im Bus mal bewusst einen anderen Sitzplatz wählen oder in der U-Bahn an einer ganz anderen Tür einsteigen?

Oder auf Ihre Wunschdestination hin bezogen. Ich kenne Menschen, die reisen jedes Jahr in das gleiche Urlaubsland, zudem noch in das gleiche Hotel und wenn möglich, möchten sie sogar dasselbe Zimmer, in dem sie die letzten zehn Jahre ihre Ferien verbracht haben. Sie auch? Ab sofort machen Sie das bestimmt anders. Sie haben ja Ihr Wunschziel definiert und visualisiert. Sie haben sich bestens vorbereitet und sind empowert.

ÜBUNG: VERÄNDERN SIE IHREN WEG

Beschreiben Sie mir bitte nun drei wesentliche Veränderungen, die Sie ab morgen auf Ihrem Arbeitsweg vornehmen werden. Ich bin gespannt.

1.
2.
3.

S
P
U
R

ENERGIE

N

Energie ist unser Leben. Das Wort Energie hatte in der griechischen Antike eine rein philosophische Bedeutung im Sinne von lebendiger Wirklichkeit und Wirksamkeit. In den Naturwissenschaften wurde das Wort erstmals 1807 vom Physiker Thomas Young in die Mechanik eingeführt. Die Energie sollte die Stärke ganz bestimmter Wirkungen angeben, die ein bewegter Körper durch seine Bewegung hervorrufen kann. Auch Gottfried Wilhelm Leibniz bezeichnete die Energie als lebendige Kraft.

Energie ist somit eine fundamentale Größe, die in der Physik, der Technik, der Chemie, der Biologie und der Wirtschaft vorkommt. Die Energie bleibt aufgrund der Zeitinvarianz der Naturgesetze erhalten, das heißt die Energie eines abgeschlossenen Systems kann weder vermehrt noch vermindert werden. Energie kann nur umgewandelt werden. Viele Texte und Lehrbücher definieren Energie als die Fähigkeit, Arbeit zu verrichten. So ist Energie unter anderem nötig, um einen Körper, auch unserem menschlichen Körper, zu beschleunigen oder ihn entgegen einer Kraft zu bewegen. Alle Lebewesen benötigen somit Energie, um sich bewegen und leben zu können.

Stillstand bedeutet Tod.
PETER BUCHENAU

Wenn wir als Mensch Spuren hinterlassen wollen, ist es notwendig, dass wir uns bewegen. Wenn wir uns bewegen wollen, benötigen wir Kraft und Kraft ist nichts anderes als eine Wirkung der Energie. Sind unsere Batterien leer und ausgebrannt, sind wir erschöpft und müde, entsprechend können wir keine Leistung erbringen – weder privat und schon gar nicht beruflich. Ein Bergsteiger wird ohne Kraft und Energie nie einen Berg besteigen können. Eine Führungskraft wird ohne Kraft nie eine Abteilung, geschweige denn eine Firma leiten können. Ein Mitarbeiter wird ohne Energie nie das gewünschte oder geforderte Ergebnis erbringen können. Schüler werden ohne

Energie nie einen Schulabschluss schaffen. Energie bestimmt unser Leben. Energie ist die Power etwas zu bewegen, vor allem aber auch, sich selbst zu bewegen.

Menschen sind nicht zum Sitzen geboren

Blicken wir zurück in die Steinzeit. Dort waren Laufen und Bewegen die absoluten Überlebensfaktoren. Hätte sich der Jäger nicht aus der Höhle bewegt, hätte er kein Wild jagen können und er wäre mit seiner Familie verhungert. Oft liefen die Jäger mehr als 20 km täglich, um erfolgreich jagen zu können. 20 Kilometer sind 20.000 Meter, was in etwa 60.000 Schritten entspricht. Darauf ist unser Körper mit unseren Genen ausgelegt. Mittlerweile haben wir das Gehen aber verlernt. Wir gehen immer weniger. Motorisierung, Computerarbeitsplätze, Tablets und das Internet haben uns zu Bewegungsmuffeln gemacht, die nur noch auf 1.000 Schritte pro Tag kommen. Damit ist es nicht verwunderlich, dass Bewegungsmangel die häufigste Ursache für Krankheiten ist. Als „Gegenmaßnahmen" hat die Charité Ambulanz für Prävention und Integrative Medizin bereits 2008 das Projekt „10.000 Schritte im Land der Ideen – Kluge Köpfe laufen" ins Leben gerufen. Auch die Weltgesundheitsorganisation WHO rät täglich zu mindestens 10.000 Schritten.

Warum man täglich 10.000 Schritte machen sollte

Wer körperlich aktiv ist, lebt bewusster und leistet einen aktiven Beitrag zu einer Win-Win-Win-Win-Situation. Es gibt aus meiner Sicht vier Gewinner:

1. Ich selbst.
2. Die Mitmenschen um mich herum, die durch meine Bewegung eventuell motiviert werden.
3. Die Umwelt durch einen geringeren Kohlendioxid-Ausstoß.
4. Unsere Volkswirtschaft, da meine Agilität die Krankenkassen entlastet und Behandlungskosten reduziert.

Bedenken Sie: Jedes Mal, wenn es möglich ist, das Auto gegen das Fahrrad oder gegen einen Fußmarsch einzutauschen, leisten Sie einen nachhaltigen positiven Betrag für sich, für Ihre Mitmenschen, für die Volkswirtschaft und für eine bessere Umwelt.

Wir wissen heute aus der Medizin, dass Bewegung viele Krankheiten wie Herz-Kreislauferkrankung, Rückenschmerzen, Depressionen, Arthrose oder auch Krebs lindern oder gar heilen kann. Bewegung führt zu einer positiven Ausstrahlung und somit zu mehr Selbstvertrauen. Ganz zu schweigen, dass Bewegung die körperliche und geistige Leistungsfähigkeit sowie Fitness steigert, was wiederum für einen guten, ausgeglichenen Schlaf sorgt.

Und haben Sie es bemerkt: Ich habe immer von Bewegung gesprochen, nicht von Sport!

Wie man es schafft, täglich 10.000 Schritte zu machen

10.000 Schritte ergeben bei den meisten Menschen, abhängig von ihrer Körpergröße und Beinlänge, eine Strecke von fünf bis acht Kilometern. Ich möchte nochmals betonen, dass es mir in diesem Kapitel nicht um Sport geht, sondern um Bewegung. Im Grunde ist es sehr einfach, diese Strecke pro Tag zu gehen. Die Kunst liegt nicht darin, dass Sie sich aufraffen, nach der Arbeit oder während des Unterrichts diese Strecke zurückzulegen und somit „Zeit" verbrauchen, sondern vielmehr darin die Strecke in den schon gewohnten Tagesablauf zu integrieren. Beispiele dazu lehre ich mehrmals pro Semester den Studenten an verschiedenen Hochschulen. Im Nachgang höre ich immer wieder: „So eine Vorlesung hatten wir noch nie. Bewegung in den Hörsaal zu bringen ist so einfach. Die Ergebnisse sind hervorragend."

Jeder Tag bietet eine Menge Bewegungsmöglichkeiten. Zusammen mit meinen Studenten habe ich unter anderem weitere Bewegungselemente erarbeitet, die sich ohne großes Pensum gut in den Alltag, egal ob in der Schule, Hochschule, Arbeit oder in der Freizeit, integrieren lassen.

Bereits beim Zähneputzen am Morgen fängt es an. Versuchen Sie einfach beim Zähneputzen auf einem Bein zu stehen. Lachen Sie ruhig! Egal in welchem Alter Sie sind, „das auf einem Bein Stehen" ist eine der wichtigsten und vor allem überall anwendbaren Übungen, die Sie dauerhaft trainieren sollten. Probieren Sie es. Anfangs erfordert es ein wenig Übung, aber bereits nach dem dritten Tag wird sich Ihr Körper daran gewöhnt haben und Sie schaffen locker 30 bis 45 Sekunden auf einem Bein zu stehen. Nach zwei Wochen sind es schon zwei bis drei Minuten. Diese Übung trainiert zudem Ihren Gleichgewichtssinn, was mit zunehmendem Alter immer wichtiger wird. Mediziner haben bereits festgestellt, dass sogar Kinder heutzutage schon Probleme haben, länger auf einem Bein zu stehen. Beugen Sie vor. Übrigens auf einem Bein zu stehen können Sie überall üben, nicht nur beim Zähneputzen, sondern auf Ihrem Weg zur Arbeit, sofern Sie die öffentlichen Verkehrsmittel nutzen, beim Einkaufen, wenn Sie in der Schlange an der Supermarktkasse warten oder auch einfach während eines Gesprächs.

Auch empfehle ich, ein paar Haltestellen vor dem Ziel auszusteigen und den Rest zu laufen. Das kostet kaum Zeit und klärt den Kopf. Oder das Auto zumindest auf Kurzstrecken stehen zu lassen, dafür eventuell das Fahrrad zu nehmen. Ganz klar sollten Sie statt der Rolltreppe und den Fahrstuhl die Treppe nehmen. Ist Ihr Büro zum Beispiel im 3. Stock, gehen Sie so in der Regel pro Tag ca. 42 Höhenmeter. Bei 210 Arbeitstagen pro Jahr sind Sie einmal den Mount Everest hochgegangen. Ich könnte die Beispiele beliebig fortsetzen.

FRAGE: Wollen Sie permanent stillstehen und sich nicht bewegen?

Bei einem JA ist Ihre Gesundheit ernsthaft in Gefahr. Wollen Sie diese Gefahr ernsthaft eingehen? Bei einem NEIN sind Sie schon sehr weit auf Ihrem Erfolgsweg unterwegs.

Wer sich nicht bewegt, wird keine Spuren hinterlassen können!
PETER BUCHENAU

ÜBUNG: BEWEGEN SIE SICH

Sicherlich gibt es Leser, die sich viel und oft bewegen. Aber bestimmt gibt es genauso viele, die sich kaum bewegen. Ich kenne sogar Menschen, die haben regelrechte Paranoia vor Bewegung. Am liebsten würden sie auf Reisen mit ihrem SUV direkt im Hotelzimmer parken. Genau von diesen Menschen wünsche ich mir drei leicht umsetzbare Bewegungserweiterungen. Was werden Sie ab morgen für sich tun, um in Be-WEG-ung zu kommen?

1.

2.

3.

Du bist, was du isst

Ein Zitat von Mahatma Gandhi beschreibt es treffend: „Essen, um zu leben und nicht Leben, um zu essen." Natürlich ist die Nahrungsaufnahme ein ganz wichtiger Punkt, um Energie für unsere Bewegung zu bekommen oder um Kraft zu haben. Ich möchte auch gar nicht auf die Ernährung groß eingehen. Dazu sind schon über tausend Bücher geschrieben worden, dass würde hier nur langweilen. Ich möchte vielmehr aufzeigen, wie wichtig die Ernährung für Ihren Weg ist, Spuren zu hinterlassen.

Kehren wir noch einmal in die Steinzeit zurück, in die Zeit, als die Jäger auf ihrer Jagd nach Nahrung täglich mehrere Kilometer zurücklegten. Bei diesem enormen Ausmaß an Bewegung spielte es keine Rolle, ob das getötete Wild fettes Fleisch hatte oder nicht. Aufgrund des großen Laufpensums wurde das Fett im Körper verbrannt. War das Fett aufgebraucht, griff der Körper automatisch auf die eigenen Fettreserven zurück. Auch die Indianer verzehrten nur so viel, wie sie zum Überleben brauchten. Eine Vorratshaltung gab es nur sehr eingeschränkt, die Erfindung des Kühlschranks ließ noch einige Zeit auf sich warten. Egal, ob Steinzeitmensch oder Indianer, beide mussten in körperlich guter Verfassung sein, um das Wild zu erlegen. Auch beim Bergsteigen spielt eine ausgewogene Ernährung eine große Rolle. Jedes Kilogramm am Körper mehr erschwert den Aufstieg, steigert das Unfallrisiko. Nicht nur für den Bergsteiger persönlich, sondern dessen potenzielles Übergewicht gefährdet eventuell die gesamte Seilschaft.

Leider sieht die Realität in Deutschland anders aus. Fett bestimmt unser Leben. Gemäß einem Bericht der BILD-Zeitung ist Deutschland der Europameister im dick werden.[1] Als einzige Industrienation steht nur noch die USA vor uns. Gemäß der Weltgesundheitsorganisation (WHO) gab es im Jahr

2015 2,3 Milliarden übergewichtige Menschen auf der Welt. Dass die westlichen Gesellschaften durch falsche Ernährung immer fetter werden, ist aber nicht neu. Schwedische Wissenschaftler des Karolinska Instituts in Stockholm haben zudem festgestellt, dass zu viel Körperfett, ebenso wie Tabak, die Lebenserwartung deutlich senkt. Fett beeinflusst somit unser Organverhalten, unsere Ess- und Trinkgewohnheiten und auch den Sexualtrieb. Wenn sich zudem zu viele Fettsäuren in den Herzzellen einnisten, werden diese überlastet. Geschieht das über Monate, hört das Herz irgendwann auf zu schlagen. Wenn Ihr Herz aufhört zu schlagen, ist Ihr Weg beendet. Auch ich hatte am Höhepunkt meiner Karriere als Manager über 25 kg mehr auf den Rippen. Dadurch, dass ich ständig unterwegs war, waren regelmäßige und vor allem ausgewogene Mahlzeiten undenkbar. Essen beim Kunden, Essen im Flugzeug, zwischendurch, vor dem Meeting … schnell am Fastfood Restaurant vorbei. Dazu Alkohol, kaum Bewegung und wenig Schlaf. Ich lebte über Jahre ungesund und bezahlte das ab dem 40. Lebensjahr mit massiven Herzproblemen. Ich war gezwungen, meine Essgewohnheiten umzustellen, sonst hätte ich keine Chance gehabt, meinen Weg weiterzugehen, um Spuren zu hinterlassen. Es war ein hartes Stück Arbeit, doch ich habe es geschafft! Und Sie können es auch. Es erfordert Disziplin, aber aus eigener Erfahrung kann ich Ihnen bestätigen, es lohnt sich! Ich kann die wieder gewonnene Energie dort einsetzen, wo ich sie benötige: auf meinem weiteren Weg in Richtung Zufriedenheit.

FRAGE: **Wollen Sie weiterhin dicker werden und Ihre Spur dank Übergewicht versanden lassen?**

Ist Ihre Antwort JA, dann kann ich Ihnen versichern, dass Sie höchstens eine Fettspur in Ihrem Leben hinterlassen werden. Bei einem NEIN schöpfen Sie sinnvolle Kraft und Energie für Ihre eigene SPUR.

Achten Sie daher auf Ihre Mahlzeiten. Verzichten Sie auf zu viel Kohlenhydrate und essen Sie regelmäßig. Übrigens regelmäßig essen heißt nicht automatisch dauernd.

---

[1] Quelle: http://www.bild.de/ratgeber/gesundheit/deutschland-in-europa-auf-platz-eins-10626788.bild.html

Für die Menschen, die nun ein paar Kilo abspecken möchten, ist das grundsätzlich kein Problem. Sie müssen nur zwei wesentliche Punkte beachten. Erstens langfristig abnehmen und zweitens der Verzicht auf Kohlenhydrate. Diese beiden Punkte reichen, um gesund abnehmen zu können. Auf das Thema Abnehmen gehen wir später im Beitrag „Optimismus und Motivation" weiter ein.

TIPP: ACHTEN SIE AUF IHRE ERNÄHRUNG!

Beschreiben Sie mir bitte, was Sie künftig an Ihrem Essverhalten verändern werden.

1.
2.
3.

Ohne Gesundheit ist alles nichts. Ein gesunder Geist und ein gesunder Körper sind die Grundvoraussetzungen, um sich bewegen zu können. Nur mit dieser Kombination schaffen Sie es, Ihren Weg zu gehen und eigene Spuren zu hinterlassen. Übrigens wussten Sie, dass im alten China die Ärzte für jeden Tag bezahlt wurden, an dem der Kaiser gesund war? Vielleicht sollten sich unsere Krankenkassen daran ein Beispiel nehmen. Was würde passieren, wenn wir nur noch für jeden Gesundheitstag einen Beitrag an die Krankenkassen entrichten?

S
P
U
R
E
NACHHALTIGKEIT

Wikipedia beschreibt Nachhaltigkeit als ein Handlungsprinzip zur Ressourcennutzung. Im Vordergrund steht dabei die Bewahrung der wesentlichen Eigenschaften, der Stabilität und der natürlichen Regenerationsfähigkeit des jeweiligen Systems. Ersetzen Sie nun im vorangegangenen Satz das Wort „System" mit dem Wort „Mensch". Dann lautet der Satz wie folgt:

Im Vordergrund steht die Bewahrung der wesentlichen Eigenschaften, der Stabilität und der natürlichen Regenerationsfähigkeit des jeweiligen Menschen.

Es geht um die Bewahrung Ihrer Herzenseigenschaften, die Ihnen Stabilität und Regenerationsfähigkeit geben. Das ist Ihre Persönlichkeit, mit der Sie von Herzen Spuren hinterlassen.

Viele Menschen hinterlassen durch ihr Handeln Spuren, davon aber leider nur wenige positive oder gar nachhaltige. Was sind nachhaltige Spuren? Einerseits sind es Ereignisse, Methoden, Prozesse, Bewegungen und vieles mehr, an die man sich gerne zurückerinnert oder die uns etwas hinterlassen haben, was uns freut, dass wir diese hinterlassenen Spuren zeitweise begleiten durften. Ich wiederhole mich, doch vergessen Sie nicht: In diesem Buch geht es nicht darum, dass Sie anderen Spuren folgen, sondern Sie Ihren eigenen Weg gehen, um Ihre Spuren zu hinterlassen.

Erlauben Sie mir in den nächsten drei Nachhaltigkeitskapiteln ein paar Menschen und Organisationen zu beschreiben, die aus meiner Sicht wichtige Spuren hinterlassen haben und nach wie vor hinterlassen. Es gibt zudem viele Prominente, doch werde ich hier bewusst nicht auf Bill Gates, Mark Zuckerberg oder Steve Jobs eingehen. Diese wurden schon zu oft benannt und Wiederholungen wirken langweilig. Auch Politiker, wie zum Beispiel den Einheitskanzler Helmut Kohl, den Apartheitspolitiker Nelson Mandela oder auch den Bürgerrechtler Martin Luther King, lasse ich außen vor, da die wenigsten Menschen von uns in die Politik gehen werden.

Auf Ihrem Weg haben Sie drei Möglichkeiten, um nachhaltig Spuren zu hinterlassen. Einmal ökonomisch betrachtet, dann ökologisch oder auch im sozialen Umfeld. Die stärkste Spur hinterlassen Sie, wenn Sie natürlich alle drei, also einen nachhaltig ökonomisch, ökologisch und sozialen Weg gehen. Wie könnten diese Weggabelungen im Einzelnen aussehen?

Nachhaltigkeit ökonomisch betrachtet

Ich möchte diesen Abschnitt mit einem Zitat des britischen Schriftstellers, Sozialphilosophen, Malers und Kunsthistorikers John Ruskin (1819–1900) beginnen.

Das Gesetz der Wirtschaft

Es gibt kaum etwas auf dieser Welt, das nicht irgendjemand ein wenig schlechter machen kann und etwas billiger verkaufen könnte, und die Menschen, die sich nur am Preis orientieren, werden die gerechte Beute solcher Menschen.

Es ist unklug, zu viel zu bezahlen, aber es ist noch schlechter, zu wenig zu bezahlen. Wenn Sie zu viel bezahlen, verlieren Sie etwas Geld, das ist alles. Wenn Sie dagegen zu wenig bezahlen, verlieren Sie manchmal alles, da der gekaufte Gegenstand die ihm zugedachte Aufgabe nicht erfüllen kann.

Das Gesetz der Wirtschaft verbietet es, für wenig Geld viel Wert zu erhalten. Nehmen Sie das niedrigste Angebot an, müssen Sie für das Risiko, das Sie eingehen, etwas hinzurechnen. Und wenn Sie das tun, dann haben Sie auch genug Geld, um für etwas Besseres zu bezahlen.

In diesem Zitat liegt nach wie vor viel Wahrheit. Besser kann man die Spielregeln der Wirtschaft nicht beschreiben. Die „Geiz ist Geil"-Mentalität sei allen privaten und beruflichen Schnäppchenjägern als Warnung und Mahnung gedacht. Jetzt kommt vielleicht Ihr Argument „Ja, wenn ich doch etwas sparen kann und es günstig ist, dann habe ich doch etwas davon!" Sicher. Doch was resultiert aus Ihrem Handeln, was ist die Konsequenz? Denken Sie daran, Ihr Handeln hat immer eine Wirkung. Wenn alles nur billig produziert wird oder nur billige Dienstleistungen angeboten werden, hat das enorme Auswirkungen auf Qualität und Sicherheit. Verbraucherschutz und faire Bezahlung bleiben auf der Strecke, Korruption und Unzufriedenheit steigen.

Ich habe es mir daher zur Aufgabe gemacht, nicht mehr für Geld zu arbeiten. Denn Geld ist für mich nur das Ergebnis meines Handelns. Ich stelle die Arbeit mit den Menschen in den Vordergrund. Ich möchte, dass meine Kunden etwas nachhaltig bewegen, ich möchte, dass sie ihre eigenen positiven Spuren hinterlassen. Ist mein Kunde schlussendlich mit der von mir erbrachten Dienstleistung zufrieden, ist er auch bereit, dafür einen gewissen finanziellen Betrag zu bezahlen.

Sie denken sich vielleicht, was kann ich denn tun, um ökonomisch nachhaltig positive Spuren zu hinterlassen? Es ist ja schließlich alles nicht ganz so einfach. Ein erster Schritt ist das eigene Handeln bewusst zu überdenken, denn wir können das Wirtschaftssystem und die Profitgier der Konzerne nicht verändern, sondern nur uns selbst. Es ist ein ganz einfacher Weg für Sie, ökonomisch positiv und nachhaltig zu wirtschaften.

Ein kleiner Fortschritt für Sie selbst und unsere Umwelt: Kaufen Sie aus Prinzip nicht das Billigste, sondern das Günstigste, denn günstig ist nicht gleich billig.

Nachhaltigkeit ökologisch betrachtet

Betrachtet man Nachhaltigkeit von der ökologischen Seite, ist diese Betrachtungsweise der einfachste Weg für jeden Menschen, nachhaltige Spuren zu hinterlassen. Es fängt ganz einfach mit der Müllbeseitigung und Mülltrennung an. Ich wurde noch so erzogen, meinen Abfall im nächsten Mülleimer zu entsorgen. Hatte mich mein Vater dabei entdeckt, dass ich ein Bonbonpapier einfach auf den Boden geworfen hatte, fragte er mich nach einiger Zeit und vor allem einiger Distanz mit ruhiger, aber ernster Stimme: „Hast du nichts vergessen?" Glauben Sie mir, das machen Sie als Kind maximal dreimal falsch, dann haben Sie es satt, jedes Mal zurückzulaufen, das Papier in den nächsten Mülleimer zu werfen und dann wieder zum Vater aufzuschließen – der war in der Zwischenzeit nämlich weitergelaufen.

Stellen Sie sich einen wunderschönen, romantischen Abend vor. Sie gehen mit Ihrer Partnerin bzw. Ihrem Partner gut und stilvoll aus. Zuerst in ein nettes Restaurant, wo Sie sich bei Kerzenlicht die Köstlichkeiten des Hauses genussvoll schmecken lassen. Anschließend schauen Sie noch in Ihrer Lieblingsbar vorbei, trinken ein, zwei leckere Cocktails, bevor Sie zu Hause den Abend ausklingen lassen. Eine schöne, romantische Vorstellung.

Jetzt wiederholen wir die Situation mit anderen Voraussetzungen. Nach einer Runde in der Badewanne werfen Sie sich in Schale, Ihr Outfit sitzt, Sie und Ihre Partnerin bzw. Ihr Partner sehen wunderbar aus. Im Restaurant empfängt Sie der Kellner mit netten Worten und begleitet Sie an Ihren reservierten Tisch. Doch die Vorfreude weicht in blankes Entsetzen, als Sie am Tisch ankommen. Das Paar, das vor Ihnen an diesem Tisch gesessen hat, war etwas ökologisch unsauber. Die Teller stehen noch mit letzten angeknabberten Essenresten auf dem Tisch, daneben eine umgekippte Flasche Rotwein, die Servietten mit abgewischten Speiseresten liegen herum. Überall liegen Brotkrümel, die Stühle sind mit verschmiert. Und auf der Tischkante, sind das Haare? Fragend blicken Sie den Kellner an. Er zuckt mit den Schultern und sagt: „Oh entschuldigen Sie, das tut mir leid. Wir haben vor kurzen auf Ökologie umgestellt. Jeder Gast ist für das Reinigen des Tisches nach dem Speisen selbst verantwortlich. Offensichtlich haben die Gäste vor Ihnen das nicht getan." Würden Sie sich nun an diesen Tisch setzen, den Dreck der Gäste vor Ihnen wegräumen, um überhaupt selbst erst genüsslich zu essen? Der romantische Abend hätte sich sicherlich erledigt.

So etwas erlebe ich leider in Bezug auf Bergtouren sehr oft, nämlich dass Müll einfach nur achtlos weggeworfen wird, ohne Rücksicht auf die Natur und die nachfolgenden Wanderer. Im Prinzip gleicht es der vorher geschilderten Szene im Restaurant. Alle Wanderer haben ein Recht, die Schönheit der Natur zu genießen. Doch auf manchen Wanderwegen vergeht einem der Spaß, da man sich seinen Weg durch den Müll anderer suchen muss. Egoismus wird zunehmend mehr gelebt, ohne darüber nachzudenken, welche Konsequenzen das für alle hat.

Glücklicherweise gibt es auch Menschen und Organisationen, die umweltbewusst denken, leben und nachhaltige Spuren hinterlassen, wie etwa das *Hofer Sonnenhaus* des Architekten Uwe Fickenscher. Dabei handelt es sich um ein Green-Building-Projekt mit einem zukunftsweisenden Energie- und Baukonzept, bei der die Speicherung von Solarenergie eine Hauptrolle spielt. Sein Sonnenhaus bezieht die Energie für Raumwärme und Warmwasser zum größten Teil aus der Sonne. Ein steiles, nach Süden ausgerichtetes Dach mit Solar-Wärme-Kollektoren fängt im Winter reichlich Strahlen der tief stehenden Sonne ein und wandelt diese in nutzbare Wärme um. Ein 40.000 Liter fassender Wasserturm, Solar-Puffer-Speicher genannt, betreibt die warmwassergeführte Fußbodenheizung mit Sonnenwärme. Das Architekturbüro wird auf diese Weise zu 100 Prozent mit Solarwärme beheizt. Um im Wohnhaus auch für sonnenarme und besonders lange kalte Winter gerüstet zu sein, verfügt das Sonnenhaus über einen kleinen Zusatzheizkessel, der komfortabel und klimaschonend Holzpellets als nachwachsenden Brennstoff verarbeitet. Die Frage der optimalen Wärmeisolierung hat der Architekt längst gelöst und beim Bau neben Ultraleichtziegeln auch auf Naturbaustoffe, wie Strohballendämmung, gesetzt. Auch der Wasserturm ist perfekt abgeschirmt – die rund 85 Grad im Inneren sind von außen nicht zu registrieren, wenn man die Hand an die Außenwand des Turms legt. Diese ökologische Umsetzung ist so genial, dass das 1. Hofer Sonnenhaus in einer Multimedia-Präsentation zum Thema „Future Energy" im deutschen Pavillon auf der Expo-Weltausstellung 2017 in Kasachstans Hauptstadt Astana vertreten war.

Oder kennen Sie Felix Finkbeiner? Felix rief 2007 als 9-jähriger Schüler die Initiative *Plant-for-the-Planet* ins Leben. Auf seine Idee für Plant-for-the-Planet kam er, als er ein Referat zum Thema Klimawandel vorbereiten musste. Am Ende seines Referats hatte Felix die Vision, dass Kinder weltweit 1 Million Bäume pflanzen. Der erste Baum im Rahmen dieser Initiative wurde am 28. März 2007 an Felix' Schule gepflanzt. In ganz Deutschland griffen Schüler diese Idee auf und nach bereits einem Jahr waren 150.000 Bäume gepflanzt. 2008 wurde Felix in den Kindervorstand der internationalen UNEP (Umweltprogramm der Vereinten Nationen) gewählt. Bis Mai 2017 beteiligten sich Kinder aus 93 Ländern an dieser Initiative und es wurden über 14 Milliarden Bäume gepflanzt.

FRAGE: Denken Sie immer noch, dass ein einzelner Mensch keine nachhaltigen positiven Spuren hinterlassen kann?

Ist Ihre Antwort JA, empfehle ich Ihnen, endlich aufzuwachen. Bei einem NEIN nehmen Sie einen Spaten in die Hand und pflanzen Ihren Baum. Und ja, falls Sie einen Garten besitzen, pflanzen Sie einen Baum und senden Sie mir ein Bild oder Filmchen davon. Ich werde Ihr Bild oder Ihren Film dann gerne in meinen Social Media-Kanälen verbreiten.

Nehmen Sie künftig eine Papier- oder Stoffeinkaufstasche statt einer Plastiktüte zum Einkaufen mit. Oft ist es ein kleiner Schritt, der Großes bewegen kann.

Als weiteres Beispiel für ökologisch nachhaltiges Handeln möchte ich die Fachagentur für Nachwachsende Rohstoffe, kurz FNR, erwähnen. Die FNR ist ein eingetragener Verein mit dem Zweck, einen wirksamen und kontinuierlichen Beitrag für die Entwicklung und den Einsatz nachwachsender Rohstoffe zu leisten. Die Aufgaben der FNR umfassen die Mitwirkung bei der Planung und die treuhänderische Durchführung von Förderprogrammen des Bundes im Bereich nachwachsender Rohstoffe unter der Rechts- und Fachaufsicht des Bundesministeriums für Ernährung und Landwirtschaft. Zusätzliche Aufgaben der FNR sind die Sammlung und Aufbereitung entsprechender Fachinformationen und die Information insbesondere des Bundes und der Länder sowie der Industrie, der Land- und Forstwirtschaft und der Verbraucher auf dem Gebiet der nachwachsenden Rohstoffe.

Wie Sie an den Beispielen gesehen haben, kann jeder Mensch, ja sogar jedes Kind, ökologisch verantwortungsbewusst Spuren hinterlassen. Sie müssen es nur wollen.

Nachhaltigkeit sozial betrachtet

Eine der für mich wichtigsten sozialen Organisationen, die nachhaltige soziale Spuren hinterlassen, ist die *Charta Zukunft Stadt und Grün*. Diese Charta ist ein Zusammenschluss von Unternehmen, Verbänden und Vereinen, aber auch von Privatpersonen. Ziel dieser Charta ist es, die Verantwortlichen, vor allem in der Politik und der Verwaltung, aber auch in Wirtschaft und Wissenschaft, das Engagement für die Neuschaffung und Erhaltung vom urbanen Grün zu verstärken. In den Handlungsfeldern der Charta geht es darum, die positiven nachhaltigen Effekte durch urbanes Grün erkennbar und nutzbar zu machen. So setzt sich die Charta für die Abmilderung der Folgen des Klimawandels, eine Förderung der Gesundheit, vor allem im urbanen Lebensraum, für die Sicherheit der sozialen Funktionen, die Steigerung der Standortqualität, den Schutz von Boden, des Wassers und der Luft, die Erhaltung des Artenreichtums, die Förderung von bau- und vegetationstechnischer Forschung sowie die Schaffung gesetzlicher und fiskalischer Anreize ein.

Führend im Umgang mit urbanem Grün ist für mich New York. Bis 1980 verlief eine alte Güterzugstrecke über eine Hochbahntrasse zwischen den New Yorker Stadtteilen Hells Kitchen und Chelsea. Heute fahren auf dieser High Line keine Züge mehr, sondern es herrscht wieder reges soziales Treiben auf der 2,5 Kilometer langen Grünanlage inmitten Manhattans. Diese High Line ist Treffpunkt der lokalen Künstlerszene, Geschäftsleute nutzen sie in der Mittagspause für einen kleinen Spaziergang. Mehr als 30 Millionen Besucher sind seit der Eröffnung im Jahr 2009 über die blühende Wildblumenlandschaft flaniert. So auch ich bereits mehrmals. Es ist erstaunlich zu sehen, wie sich die vormals strukturschwache Gegend zu einem Szeneviertel gemausert hat. Glaubt man den Anwohnern, laufen die Geschäfte rund um die High Line gut. Viele ausländische Stadtverwaltungen und Touristen begeistern sich für das Konzept, das in der Welt mehr und mehr Nachahmer findet. Unter vorgehaltener Hand habe ich bereits den Begriff einer Low Line gehört – einen riesigen grünen Park unterhalb Manhattans. Noch ist es nur eine fiktive Idee – aber wer weiß?

Wenn wir von sozialer positiver Nachhaltigkeit reden, kommen wir auch an den Lions Clubs, Rotarys, Kiwanis sowie vielen andere Organisationen nicht vorbei. Ich selbst bin einer von weltweit 1,4 Millionen Lions-Mitglieder und habe den Leitspruch „we serve" verinnerlicht und zu Herzen genommen. Die anderen Organisationen mögen mir verzeihen, wenn ich nun kurz über unseren Lions Club berichte. In meinem Club lautet die Devise: „Starke Menschen stärken Freiheit" – was so wunderbar zu diesem Buch passt. Starke Menschen sind Persönlichkeiten und Persönlichkeiten stärken, positiv betrachtet, die Freiheit und somit auch die Menschheit. Unsere Projekte zielen darauf ab, Kinder und Jugendliche in ihrer Entwicklung zu stärken, ihnen Perspektiven zu bieten und vielleicht den einen oder die andere zur Marke ICH zu entwickeln.

Nachhaltigkeit blickt voraus

Nachhaltigkeit ist immer auf die Zukunft ausgerichtet und, wie ich anhand der vorangegangenen Beispiele versucht habe zu verdeutlichen, kann jeder einzelne Mensch nachhaltig positive Spuren hinterlassen. Aber Vorsicht, viele Unternehmen, Organisationen und Menschen schreiben sich auf die Fahne, nachhaltig zu arbeiten, zu denken und zu handeln. Manchmal trügt dieser Schein durch gut gemachtes Marketing. Informieren Sie sich vor Bewerbungs- oder Kundengesprächen, wie es in diesen Unternehmen und Organisationen wirklich um Nachhaltigkeit steht. Fragen Sie eventuell beim Beirat der Wirtschaft an, ob und inwieweit Nachhaltigkeit in einem Unternehmen umgesetzt wird. Der Beirat der Wirtschaft ist der Verein, der die Nachhaltigkeitsinteressen des Mittelstands in Deutschland vertritt (www.beirat-der-wirtschaft.de). In meinem Buch „Chefsache Nachhaltigkeit" werden 19 Praxisbeispiele von Unternehmen aufgezeigt, die diese Nachhaltigkeit umsetzen.

Auch beim Bergsteigen spielt Nachhaltigkeit eine große Rolle. Der gute und nachhaltig orientierte Bergsteiger wählt eine günstige Route, nicht die billigste. Er wählt günstiges Material, nicht das billigste, denn das billigste könnte seinen Tod bedeuten. Er geht sorgsam mit der Natur um, damit der nachfolgende Berggänger auch die Schönheit der Natur erblicken und genießen kann. Außerdem wählt er seine Bergsteigerkameraden gezielt aus. Kein Bergsteiger wird eine Route starten, wenn im Vorfeld Spannungen und soziale Missstände in der Seilschaft bestehen.

3

DIE PERFORMER-METHODE

Ihr Ziel, eigene Wege zu gehen und Spuren zu hinterlassen!

Wie schaffen Sie es, Ihren eigenen Weg zu gehen und nachhaltig positive Spuren zu hinterlassen? Ich habe dazu die Performer-Methode entwickelt, zu der ich Sie jetzt gerne einlade, diese anzuwenden. Doch bevor Sie losgehen, um Ihr Ziel zu erreichen, bedarf es noch einer persönlichen Aufgabe.

Loslaufen sollte man erst, wenn man auch weiß, wo man steht. Oder um im Bergsteiger Sprachgebrauch zu bleiben: Der Bergsteiger vergewissert sich zuerst, dass er einen festen und sicheren Stand oder Halt hat, bevor er den nächsten Schritt tut. Immer wieder vergewissert er sich dessen, erst dann folgt der nächste Schritt. Dieser Ablauf wiederholt sich so lange, bis er sein Ziel erreicht hat.

In meiner Geschichte, in der ich Sie anleite wie ein Bergführer, um Ihren eigenen Weg zu finden, einzuschlagen und auch selbstständig zu gehen, ist es jedoch wichtig, Klarheit zu bekommen. Klarheit über sich selbst. Denn nur ein Mensch, der sich selbst sehr gut kennt, kann einen wirkungsvollen und nachhaltigen Eindruck hinterlassen. Deshalb hier die wichtigsten Fragen an sich selbst:

- Wie gut kenne ich mich selbst überhaupt?
- Kenne ich meine Power, meine Grenzen?
- Was weiß ich über mich selbst als Mensch?
- Wie schätze ich mich ein?
- Welche Charaktereigenschaften zeichnen mich aus?
- Was ist an mir besonders?

Das alles sind Faktoren, die bei anderen einen bleibenden Eindruck – Spuren hinterlassen.

Jedoch lassen sich diese Fragen noch detaillierter formulieren, um Ihr eigenes Potenzial zu erforschen und offenzulegen. Nur wer sich selbst sehr gut kennt, weiß auch, wie er (s)einen Weg gehen kann, in welchem Tempo und mit welchem Ziel. Daher möchte ich hier gern vertieft auf Sie selbst eingehen.

Bestandsaufnahme meiner selbst:
- Wer bin ich?
- Was zeichnet mich als Person/Persönlichkeit aus?
- Welche Charaktereigenschaften zeichnen mich aus?
- Wo stehe ich gerade beruflich?
- Wo stehe ich gerade privat?
- Bin ich auf einem eingetretenen Pfad unterwegs?
- Wenn ja: Fühle ich mich dort wohl und möchte ich diesen weitergehen?
- Wenn nein; Was hält mich hier fest? Weder/noch – ich bin unsicher! Was benötige ich, um meinen ersten Schritt zu gehen, den eigenen Weg einzuschlagen, mit dem Ziel der Marke „ICH?"
- Was hindert mich daran den bewussten Schritt zu machen?
- Habe ich Ängste, Befürchtungen?
- Wenn ja, welche?
- Wenn nein, warum komme ich auf meinem Weg nicht voran?
- Ist es mir wichtig, was andere über mich sagen oder denken?
- Wenn ja, warum ist das so?
- Wein nein, warum handle ich dann nicht so, wie ich es möchte?
- Was sagt oder denkt mein Chef über mich?
- Ist es mir wichtig?
- Wie denke ich über mich selbst?
- Was ist mein innerer Antreiber, um Ziele zu erreichen? Wann kommt er zum Einsatz?
- Habe ich das leidenschaftliche Feuer in mir, um voranzugehen?
- Wenn ja, was zeichnet mich aus?
- Wenn nein, warum ist das Feuer in mir so klein oder gar erloschen?
- Wann fühle ich mich locker, glücklich und befreit?
- Wann fühle ich mich eingeengt, konform?
- Lasse ich mich von anderen bremsen, wenn ich für eine Idee oder ein Thema Feuer gefangen habe?
- Wenn ja, warum?

- Wenn nein, erreiche ich dann dennoch meine Ziele oder setze eigene Ideen um?
- Plane ich sehr gern und denke strategisch?
- Präsentiere ich gern und treffe Entscheidungen?
- Identifiziere ich mich mit Zielen, mit Idealen?

Sicherlich denken Sie gerade, das sind ganz schön viele Fragen. Muss ich die jetzt beantworten? Ich empfehle Ihnen, es zu tun. Die Zeit in sich selbst ist sehr gut angelegt. Wir alle bleiben als Person/Persönlichkeit nicht gleich. Auch wir wandeln uns, durch neue Erfahrungen und Erlebnisse. Wir werden inspiriert und manchmal auch vorangetrieben. Wir alle wachsen mit unseren Themen. Und ja, das habe ich auch erlebt, es gibt neben den schönen, mit Leichtigkeit erfüllenden Momenten auch die, die man wegschieben und lieber in die Tischplatte beißen möchte. Momente, wo man innerlich schreit und an die Decke geht. In solchen von Emotionen erfüllten Situationen ist man(n) oder frau nicht immer in der eigenen Mitte. Doch solche Situationen zeigen immer Themen oder Fragestellungen auf, die einen vor scheinbar unüberwindbare Probleme stellen und die es nun gilt zu lösen. Entweder, man findet schnell selbst eine Lösung, dank persönlicher Erfahrungen und Wissen, was einen innerlich auch freut. Oder man bittet andere Menschen, Kollegen, Freunde um Hilfe. Daran ist nichts Verwerfliches. Oder – die letzte Möglichkeit – man merkt, dass man dieses Problem nicht lösen kann oder auch nicht lösen möchte. In diesem Fall hilft es uns, mehr bei uns selbst anzukommen, es zu akzeptieren und sich die Frage zu stellen „Ist es wirklich die richtige Tätigkeit, die zu mir als Person passt?" Hier gilt es sich immer wieder selbst zu hinterfragen. Eine auf Dauer unbefriedigende Tätigkeit lähmt uns nachhaltig. Wir kommen von unserem eigenen Ich immer weiter weg. Im schlechtesten Fall funktionieren wir nur noch. Deshalb ist es so wichtig, sich innerlich aufzurichten. Springen Sie doch in der Zeit zurück, denken an Momente, in denen Sie erfolgreich waren. Das kann das erste Tor beim Fußball gewesen sein oder ein gelungenes, von Ihnen geplantes Event. Es gibt unzählig viele Momente in Ihrem Leben, die Sie glücklich gemacht haben und an die es sich lohnt, zurückzudenken. Heute noch.

Lassen Sie uns einen kurzen gedanklichen Ausflug machen.

Neulich auf der Busfahrt nach Hause kam ich mit einer jungen Dame ins Gespräch, die mir gegenübersaß. Sie erzählte mir, dass sie keinen Schulabschluss hätte, hier in der Stadt in einem Zimmer untergebracht sei und eine Ausbildung zur Gärtnerin machte, um überhaupt einen Abschluss zu bekommen. Die Augen waren ohne Glanz, während sie mir davon berichtete. Ich erzählte dann ein wenig von mir und irgendwann kamen wir auf das Thema Pferd. Mit einem Mal begannen ihre Augen zu leuchten. Sie selbst hatte ein Pferd, das sie als Fohlen bekommen hatte und bis heute betreute. Sie sei gerade auf dem Weg zu ihm. Voller Euphorie zückte sie ihr Handy und zeigte mir ganz stolz die Fotos. Sie war in diesem Moment voller Glück und Freude und konnte gar nicht mehr aufhören zu erzählen. Wir kamen dann noch einmal kurz auf ihre Ausbildung zu sprechen. Sie berichtete, wie schwer es ihr fiel, sich die ganzen lateinischen Namen der Pflanzen zu merken und von der Konkurrenz, den Landschaftsgärtnern, die sie als normale Gärtner nicht ernst nahmen. Das Ganze unterstrich sie durch ihre Körperhaltung, die Schultern hingen nach unten und ihre ganze Körperspannung war weg. Als ich sie danach fragte, was sie als Kind immer hatte werden wollen, kam sofort die Antwort: „Pferdewirtin" – und sofort war ihre wunderbare Lebensenergie wieder da. Deshalb fragte ich sie: „Wenn du Pferde so liebst, ein eigenes Pferd hast … Warum machst du dann nach deiner Ausbildung zur Gärtnerin nicht etwas, was mit Pferden zu tun hat?" Sie schaute mich perplex an und sagte nur: „Ja, du hast Recht, darüber denke ich nach."

Warum ich Ihnen diese Geschichte erzähle? Wenn wir bereit sind, offen und ehrlich uns gegenüber zu sein, uns Zeit nehmen, unsere eigene Situation zu beurteilen, entdecken wir das eine oder das andere, was uns hilft, voranzugehen und uns von alten Gewohnheiten zu lösen, Schritt für Schritt, und Neues zu wagen.

Ich verrate Ihnen einen Tipp, der mich zurück in die Spur bringt, wenn ich wieder einmal von außen oder von mir selbst abgelenkt werde. In diesen Fällen bitte ich enge Freunde, Bekannte oder auch Kollegen, mich in meiner persönlichen Entwicklung zu unterstützen, indem ich sie frage: „Was findest du außergewöhnlich, positiv an mir?" Wer Mut hat, kann auch fragen: „In welchen Bereichen siehst du Entwicklungspotenzial? Was kann ich besser machen?" Sie werden erstaunt sein, welche Antworten Sie erhalten. Ich fand die Antworten auf meine Fragen zum Teil sehr berührend, denn Sie werden feststellen, dass Sie von außen manchmal völlig anders wahrgenommen werden, als Sie sich selbst. Wenn man diese Rückmeldungen dann für sich aufgreift, einmal wirken lässt und im Anschluss umsetzt, kommen viele neue Ideen, Impulse, die das Leben sprichwörtlich reicher machen.

Deshalb probieren Sie die Performer-Methode aus! Probieren Sie sich aus! Haben Sie Mut und sprechen Menschen hierzu an!

Erkunden Sie das in Ihnen schlummernde Potenzial!

Performance ist Leistung und ein Performer ist ein Leistungsträger. Performer gehen immer den effizienten Weg zum Ziel. Performer ist aber auch ein Kunstwort und jeder Buchstabe im Wort Performer steht für eine Aktivität. Und so steht Performer für **P**urpose, **E**mpowerment, **R**elationship, **F**lexibility, **O**ptimism, **R**espect, **M**agnetism, **E**nergy und **R**epetition. Einige dieser Worte haben Sie bereits in den vorangegangenen Kapiteln erlebt. Jeder Buchstabe baut aufeinander auf, genauso wie beim Bau eines Hauses. Auch dabei fangen Sie zunächst mit dem Planen des Hauses an, bevor Sie zum Beispiel den Dachstuhl anbringen. Ein Dachstuhl ohne Fundament und Mauern wird Ihnen bei einem Hausbau nicht viel nützen. Da es in diesem Buch aber um Wege und Spuren geht, werde ich die Aktivitäten anhand einer Bergtour erklären.

PURPOSE

P
E
R
F
O
R
M
E
R

Geben Sie Ihrer Aufgabe einen Sinn und definieren Sie Ihr Ziel!

Das ist der wichtigste Baustein auf Ihrem Weg, um eigene Spuren zu hinterlassen. Hier geht es um die uneingeschränkte Leidenschaft, es auch wirklich zu wollen. „Ja, ich will Spuren hinterlassen" – dieser Satz muss in Ihren Gedanken fest verankert sein und wenn es Ihnen dann gelingt, Kopf und Körper zu verbinden, sind Sie bereit für den ersten Schritt.

Ein Bergsteiger, der einen Gipfel besteigen will, brennt dafür. Es können viele Gründe sein, die einen Bergsteiger dazu bewegen, einen Gipfel unbedingt besteigen zu wollen. Zum Beispiel, weil den Berg noch niemand anderes bestiegen hat, weil diese Route noch niemand gegangen ist oder weil der Bergsteiger bereits dreimal an diesem Berg gescheitert ist und es nun unbedingt schaffen will. Was auch immer der Grund ist, er hat den festen Willen den Berg zu „bezwingen". Es macht für ihn Sinn, den Gipfel zu besteigen, er hat einen Grund, es ist sein Ziel und die Tour erfüllt ihren Zweck.

Deshalb nun die Frage an Sie: Welchen Berg wollen Sie besteigen oder welchen Weg wollen Sie gehen? Aus meiner jahrelangen Erfahrung als Coach und Mentor weiß ich, dass dies die schwerste Aufgabe ist, nämlich das Ziel zu definieren. Leider irren viele Menschen planlos umher, sie arbeiten, schuften, ackern, erreichen allerdings nie ihr Ziel. Warum? Weil sie meistens kein für sich klares Ziel haben. Wenn ein Bergsteiger nicht weiß, welchen Berg er besteigen möchte, wird er sein Ziel nie erreichen. Wenn Sie nicht wissen, was Ihr Ziel ist, werden Sie nicht wissen, welchen Weg Sie einschlagen müssen und werden somit nie am Ziel ankommen.

Ein Ziel zu haben ist so enorm wichtig, weil es die Schritte zum Erreichen des Zieles definiert. Ein Bergsteiger macht einen Schritt nach dem anderen. Er prüft und fühlt: Ist der Schritt, den ich gerade getan habe, richtig? Habe ich einen guten Stand und kann ich aus diesem guten, gesicherten Stand den nächsten Schritt angehen? Einen Schritt auf einer Bergtour auszulassen, kann den Tod des Bergsteigers bedeuten. Jedem Bergsteiger ist klar, auf dem Weg zum Gipfel gibt es keine Abkürzung. Leider erlebe ich in meinen Beratungen jedoch immer wieder Menschen, bei denen das Wort „Abkürzung" zur Lebenseinstellung geworden ist. Diese Menschen scheitern früher oder später.

Es macht einen großen Unterschied, ob Sie den Feldberg im Taunus, den Berg Athos, das Matterhorn oder gar den Mount Everest besteigen wollen. Alle vier sind Berge, doch in ihren Anforderungen in punkto Kondition und Erfahrung im Bergsteigen sehr verschieden. Beim Feldberg können wir noch vom „Erwandern" reden, beim Berg Athos gibt es bereits eine Steigerung an den Wanderer, um diesen zu erklimmen. Aber beim Matterhorn und beim Mount Everest müssen Sie schon ein sehr geübter, erfahrener Bergsteiger sein, um am Gipfel anzukommen. Sicher können Sie sich nun auch vorstellen, dass die Ausrüstung, je nach Berg, variiert. Doch dazu mehr in den weiteren Performer-Punkten. Was ich in diesem Kapitel beschreiben möchte, ist die absolute Zielfokussierung. Je klarer Sie Ihr Ziel beschreiben und benennen, desto einfacher werden Sie es erreichen. Ein Ziel ist auch immer zukunftsorientiert.

TIPP: VISUALISIEREN SIE IHR ZIEL!

Ich empfehle Ihnen mit Ihrer Zieldefinition so früh wie möglich anzufangen. Je früher Sie anfangen, desto schneller können Sie Ihr Ziel erreichen. Vermeiden Sie Floskeln wie: „Morgen fange ich an", denn nach dem morgigen Morgen folgt in der Regel ein weiterer Morgen. Stattdessen sollte es heißen: „Jetzt fange ich an!" Visualisieren Sie Ihr Ziel – egal, ob Sie es auf Papier festschreiben, es fotografieren, es zeichnen. Auch der erfahrene Bergsteiger visualisiert den zu besteigenden Gipfel überall. Ein Abbild hängt an der Küchentür, am Badezimmerspiegel oder steht auf seinem Schreibtisch oder an seinem Arbeitsplatz. Er verinnerlicht sein Ziel und wird eins damit.

Der Meister des Visualisierens ist für mich der Erfinder der berühmtesten Maus der Welt: Walt Disney. Er hatte den Traum, den größten Vergnügungspark der Welt zu bauen. Ein großartiges Ziel! Berichten zufolge entbrannte, nachdem das Grundstück für den Bau in der Nähe von Orlando Florida gefunden wurde, ein Streit zwischen den Architekten und Walt Disney. Die Architekten wollten von der Straße her mit dem Bau der unterschiedlichsten Vergnügungsanlagen anfangen, Disney wollte zuerst mit dem Märchenschloss, im zentral gelegenen Teil des Parks, beginnen. Der Streit ging über einen längeren Zeitraum hin und her. Schlussendlich aber setzte sich Disney, natürlich auch als Geldgeber und Investor, durch und es wurde mit dem Bau des Märchenschlosses begonnen. Obwohl durch den Streit eine Menge Zeit verloren gegangen war, wurde das gesamte Projekt innerhalb des geplanten Zeitraums fertiggestellt, sogar ohne das Budget zu übersteigen. Von solch einer genauen und termingerechten Planung können die Verantwortlichen des neuen Berliner Flughafens, der Elbphilharmonie in Hamburg oder Stuttgart 21 nur träumen. Vielleicht hätten diese ihr Ziel auch besser planen, festlegen und visualisieren sollen?

Als Disney später gefragt wurde, was denn den Erfolg seines Projekts ausgemacht hätte und vor allem, wie er es geschafft hatte, den Vergnügungspark termingerecht zu eröffnen, antwortete er sinngemäß: „Ab dem Moment, als das Märchenschloss fertiggestellt wurde und es überall auf der Baustelle für alle jederzeit sichtbar war, wusste jeder Mitarbeiter und jede Mitarbeiterin, wofür er bzw. sie arbeitete – für den größten und schönsten Vergnügungspark der Welt. Sie alle sind Teil einer großartigen Mannschaft, die Freude und Lachen in die Gesichter aller Menschen bringen wird. Dieses Wissen hat alle Mitarbeiter beflügelt, Großartiges zu leisten und über sich hinauszuwachsen."

FRAGE: Erkennen Sie, wie wichtig es ist, Ihr Ziel zu definieren und es zu visualisieren?

Haben Sie aufgepasst? Erstmals in diesem Buch hoffe ich, haben Sie nun mit JA geantwortet. Mit einem JA haben Sie den ersten wichtigen Schritt in Bezug auf die Umsetzung Ihres Weges getan. Warum dieser Wechsel von NEIN auf JA? Ein NEIN ist in unserem Gehirn negativ mit Angst oder Gefahr assoziiert. Ein NEIN wird vom Gehirn sofort verarbeitet und an die betreffenden Umsetzungsorgane weitergeleitet. Ein JA dagegen muss erarbeitet werden. Diese Arbeit haben Sie erfolgreich bis jetzt bewältigt, denn Sie sind nach wie vor am Lesen dieses Buches. Das Buch, das Ihnen helfen soll, Ihren eigenen Weg zu gehen, Schritt für Schritt.

1. „Ja, ich will" klingt positiv und optimistisch.
2. „Ja, ich will" ist motivierend.

„Ja, ich schaffe das" ist die richtige Einstellung zu Ihrem Ziel und der erste bedeutende Schritt in Ihre selbstgestaltete Zukunft.

Haben Sie noch immer Zweifel? Gedanken wie „Was mache ich, wenn es schiefgeht oder etwas dazwischenkommt?" Oder der innere Kritiker rät Ihnen: „Lass' es lieber, bekannte Schritte sind doch viel einfacher, wozu dieses Wagnis? Da kann doch so viel passieren! Bleibe deiner alten Spur treu, das hat doch funktioniert!" Solche und viele andere Sätze kommen automatisch hoch.

An dieser Stelle kann ich Sie sofort beruhigen: Diese Reaktion Ihres Verstands ist völlig normal. Der Verstand nimmt alles auf, vom Tag der Geburt bis zum Stand JETZT, im Moment. Er ist angefüllt mit Erlebnissen, Informationen, Verhaltensweisen, Erfahrungen, eben bis JETZT. Diese Informationen sagen uns, was vermeintlich „richtig" ist, wenn wir Entscheidungen treffen. Vielleicht kennen Sie das: Ihr Vorgesetzter ist sehr streng und sehr autoritär, der häufig herumbrüllt. Bei jedem noch so kleinen Fehler rastet er aus und brüllt seine Mitarbeiter an. Haben wir diese Situation schon einmal in ähnlicher Konstellation erlebt, kommen diese Erinnerungen wieder in uns hoch. Sofort wird diese Situation wieder wachgerufen und wir versuchen uns ähnlich zu verhalten.

Entweder mit „Flucht", indem man jemanden brüllen lässt und darauf wartet, dass sich der Sturm wieder legt oder mit „Angriff", indem man entweder einfach ruhig bleibt bzw. ruhig die eigenen Themen vorträgt, in der Hoffnung, dass sich diese Person wieder „einkriegt". In unserem Fall brüllte die Führungskraft weiter und durch die lange Zusammenarbeit mit dieser Person lernen Sie, dass es keinen Sinn macht zu widersprechen. Sie nehmen sich zurück, passen sich an, ducken sich und hoffen, dass so ein Sturm vorüberzieht. Innerlich brodelt es jedoch in Ihnen. Sie können weder Ihre Kompetenz zeigen noch etwas verändern und schon gar nicht die Führungskraft.

Daher ist die Frage, was können SIE tun? Ich kann nur sagen, durch die lange Tätigkeit in der freien Wirtschaft, es gibt das Sprichwort „Ober sticht Unter". Diesen Satz haben Sie sicherlich schon gehört. Das ist so ein Satz, mit dem alles gesagt wird. Es heißt übersetzt: „Denke nicht zu viel nach und mache ausschließlich deine Arbeit. Überlasse das Denken anderen, die etwas davon verstehen." Und genau darin liegt das Problem! Sie passen sich auf Dauer an, schlucken Ärger, Sorgen, Wut hinunter, mutieren zum angepassten, schematischen Mitarbeiter, der den Feierabend täglich herbeisehnt, um endlich wieder nach Hause zu fahren. Ist es wirklich das, was Sie möchten oder schon lange praktizieren? Ja, es ist richtig, Sie verdienen Ihren Lebensunterhalt damit. Ja, es gibt vermeintliche Sicherheit. Und – ist es ein erfülltes, glückliches Leben für Sie? Nein? Genau darum geht es, um Veränderung. In sich, mit sich und letztlich auch im eigenen Umfeld.

Mit einer klaren Haltung, Offenheit, Zielsetzung in den neuen Lebensabschnitt zu starten. Das ist es, was zählt. Wir alle haben nur ein Leben. Worauf warten Sie? Auf die Rente? Auf bessere Zeiten? Auf den nächsten Urlaub? Unser Leben findet immer Augen-Blick-L(ICH) statt. Es geht um die Zielsetzung und Ihre Lebensvision. Wie kann das Leben aussehen? Was brauche ich, um erfüllt und glücklich zu sein? Was tue ich selbst dafür, um meinem Lebensglück nahe zu kommen?

Ich kenne viele Menschen, die in sehr gut bezahlten Positionen sitzen. Sie haben keinerlei Grund zum Jammern. Sie haben ein sehr gutes Gehalt, können sich schöne Wohnungen oder Häuser leisten, fahren tolle Autos und überlegen sich, wohin sie im nächsten Jahr dreimal in den Urlaub fahren oder jeden Abend schön essen gehen können. Sie verdienen so viel, dass diese Personen zum Teil nicht mehr wissen, wie sie das Geld ausgeben sollen. Es ist im Überfluss da. Dennoch fühlen sie sich leer. Sie gehen täglich in die Arbeit, erledigen die von ihnen geforderten Aufgaben, denken nicht „outside of the box", erledigen ausschließlich das, was zu tun ist. Je nach Managementlevel, den Anforderungen und der Arbeit verbringen sie ihr Leben im Büro und auf Geschäftsreisen. Die Firma inhaliert sie. Auf dem Schreibtisch stehen die Bilder der Ehepartner und Kinder, die sie – wenn sie Glück haben – noch am späten Abend sehen. Doch nach außen ist alles wunderbar. Am nächsten Tag geht die Mühle wieder von vorne los, Sitzungen, Konferenzen, Messen, Meetings usw. Dazu die E-Mail-Flut von Kollegen oder Konkurrenten im Betrieb, die fröhlich spät nachts noch Updates schicken. Das bedeutet für sie, früher als alle anderen aufzustehen, um mitreden zu können, auf dem aktuellen Stand zu bleiben und zu sein. Je weiter man dann oben in der Pyramide sitzt, desto heftiger werden die Konkurrenzkämpfe und die Hackordnung. Die Lebenszeit bleibt auf der Strecke. Das Konto ist prall gefüllt, doch die Lebenszeit reduziert sich drastisch. Zeit für neue Ideen und Innovationen? Die kauft man sich dann eben ein, weil man selbst nicht mehr dazu kommt, inspiriert zu sein. Ach ja, dann noch die sozialen Netzwerke und Abendessen mit Kollegen und Geschäftspartnern. Die müssen auch noch untergebracht werden. Und schon ist es wieder spät, wenn man nach Hause kommt. Das Bankkonto ist prall gefüllt, doch in solchen Situationen ist man im Herzen alleine. Es findet kein wirklicher sozialer Kontakt mehr statt. Die Familie fällt hinten runter, die Frau managt Familie und Heim, die Kinder bekommen tolle Geschenke und sind technisch top ausgestattet. Es mangelt an nichts. Wirklich? Was ist mit dem eigenen Leben, dem Gefühl von Freiheit, von Verbundenheit und dem bewussten Sein?

Gerade hier an dieser Stelle frage ich Sie nun erneut: Ist es das Leben, das Sie wirklich führen möchten? Möchten Sie so weitermachen? Von einem Termin zum anderen? Ohne Ihr Leben wirklich gespürt, Ihre Ziele und Visionen tatsächlich umgesetzt zu haben? Wann waren Sie das letzte Mal in der freien

Natur, ohne Handy, haben Ihre Füße, Ihre Schritte richtig gespürt, die Luft in Ihren Lungen, ohne dass das Handy geklingelt hat oder Sie auf der Parkbank saßen und E-Mails gecheckt haben? Steuern Sie Ihr Leben noch selbst, wissen Sie wirklich, was Sie wollen und tun oder werden Sie nur noch gesteuert? Sie wissen ja, das Hamsterrad kann von Innen auch wie eine Karriereleiter aussehen. Nur mit dem Ergebnis, dass Sie irgendwann erschöpft aus diesem Hamsterrad aussteigen und dann schon der nächste Mitarbeiter in den Startlöchern steht, der Ihren Job machen will und wird. Sie sind ersetzbar. Wir alle sind ersetzbar. Doch wenn wir uns wieder spüren, klar in unserem Denken, Handeln sind, kommen wir zu uns, als Mensch, zurück. Damit zur Authentizität, dem Leben, zur Fröhlichkeit, der Innovationsstärke. Und das alles mit einem mutigen ersten Schritt.

PERFORMER EMPOWERMENT

Vertiefen Sie Ihr Wissen und werden Sie zum Experten!

Wikipedia definiert den Begriff Empowerment so: Mit Empowerment bezeichnet man Strategien und Maßnahmen, die den Grad der Autonomie und Selbstbestimmung im Leben von Menschen oder Gemeinschaften erhöhen sollen und es ihnen ermöglichen, ihre Interessen eigenmächtig, selbstverantwortlich und selbstbestimmt zu vertreten. Ich übersetze Empowerment schlicht und einfach, „die Befähigung haben etwas zu tun". Das bedeutet: etwas wollen, können, dürfen. Das Wollen hatten wir bereits im vorangegangenen Kapitel Purpose ausführlich beschrieben. Sie wollen einen neuen Weg gehen, im übertragenen Sinne einen neuen Berg besteigen. Sie wollen von Herzen eigene nachhaltige Spuren hinterlassen, Sie wollen sich wirklich verändern, sonst hätten Sie dieses Buch schon längst zur Seite gelegt. In Ihnen brennt die Leidenschaft für eine Veränderung, dem Wunsch, sich weiterzuentwickeln, zur Persönlichkeit und zur unverwechselbaren und somit nicht austauschbaren Marke ICH zu werden.

Nach dem Wollen folgt das Können. Um einen neuen Weg gehen und eigene Spuren hinterlassen zu können, benötigen Sie einiges an Handwerkszeug. Vieles bringen Sie bestimmt schon mit. Sie haben eine Schule besucht, eine Ausbildung oder Studium absolviert, haben sich über die Jahre Wissen und Lebenserfahrung angeeignet. Sonst würden Sie nicht dort stehen, wo Sie sich gerade jetzt befinden. Sie sind jetzt genau da, wo Sie jetzt sein wollen.

Auch bei einer Bergtour hängen die Ausrüstung, die Werkzeuge und Ressourcen von Ihrem im Kapitel Purpose definiertem Ziel ab. Für eine Sommerwanderung auf den Feldberg, mit 1.493 Metern der höchste deutsche Berg des Mittelgebirges, reicht ein kleiner Vesperrucksack, Turnschuhe und normale Freizeit- und Sportbekleidung, bei wechselhaftem Wetter eventuell auch ein dünner Regenschutz. Jeder gesunde und leicht fitnessorientierte Mensch ist der Lage, diesen Gipfel zu erklimmen. Das Matterhorn dagegen, mit 4.478 Metern, stellt potenzielle Bergsteiger da schon vor ganz andere Anforderungen. Funktionale, hochalpine Bergsteigerbekleidung ist von absoluter Wichtigkeit, denn über 4.000 Höhenmeter können die Temperaturen sehr frisch werden. Aus Wanderschuhen werden feste Bergstiefel und aus einem leichten Wanderrucksack ein stabiler Bergsteigerrücksack mit Hacken, Karabiner und Seil. Zudem stellt die Besteigung des Matterhorns hohe Ansprüche an körperliche Fitness und Kondition. Je nach körperlicher Fitness und bergsteigerischem Können sind für den Aufstieg ungefähr 5 bis 6 Stunden einzuplanen – doch dann müssen Sie vom Gipfel wieder herunter. So erfordert das Besteigen des Matterhorns gut und gerne 10 bis 12 Stunden hochkonzentrierte Aufmerksamkeit und Kondition. Ein Fehltritt beim Auf- oder Abstieg kann den Tod bedeuten. Viele Bergsteiger unterschätzen auch die Höhenkrankheit, die bereits bei Höhen ab 2.500 Metern auftreten kann. Ungeduld, Unwissenheit und Leichtsinn fallen leider jedes Jahr viele Bergsteiger zum Opfer. Davon ausgehend können Sie sich nun vielleicht vorstellen, welche Voraussetzungen für die Besteigung des Mount Everest mit 8.848 Metern gelten würden!

Den Vergleich zur Bergtour finde ich für Ihren Erfolgsweg sehr treffend. Auch Sie müssen sich, nachdem Sie Ihr berufliches, persönliches oder gar Lebensziel definiert haben, zu 100 Prozent über Ihre eigenen Ressourcen im Klaren sein. Ein Schritt beginnt aus einem festen Stand. So ist es unabdingbar für Sie, sich wahrheitsgemäß Ihrer Stärken und Schwächen bewusst zu sein. Wo stehen Sie mit Ihren Kenntnissen und Fähigkeiten gerade jetzt? Sich selbst etwas vorzulügen wird später in der Umsetzung der Zielerreichung bestraft: Sie werden scheitern.

Somit steht das Können für eine Bedarfsanalyse. Diese deckt auf, wo Sie noch Entwicklungspotenzial haben. Daraus ableitend entsteht ein Ausbildungs- oder Weiterbildungsplan, welche Kenntnisse und Fähigkeiten Sie noch erlernen dürfen und welche Ausrüstung und Werkzeuge Sie noch benötigen, um Ihr Ziel zu erreichen.

Nach dem Wollen und Können folgt nun das Dürfen. Viele Menschen sind so in Regeln, Richtlinien und Normen eingebunden, dass Familie, Arbeitgeber oder auch Gesetze eine Weiterentwicklung verbieten. Auch in den Bergen gibt es Verbote. So ist für mich der Berg Athos in Griechenland einer der schönsten und imposantesten Berge, die ich kenne. Gerade von der westlichen Seeseite betrachtet, sieht der Berg Athos wie ein direkter Pfad in den Himmel aus. Doch auch dieser stellt seine Anforderungen an denjenigen, der ihn besteigen möchte.

Als ich vor Jahren im Norden Griechenlands auf einem Ausflugsschiff unterwegs war, sahen wir den Berg in voller Herrlichkeit. Wir steuerten direkt darauf zu, als das Boot plötzlich stoppte. Der Kapitän nahm sein Mikrofon und verkündete, dass wir nicht näher an die nordgriechische Halbinsel heranfahren dürfen, weil wir Frauen an Bord haben. Sie können sich nun bestimmt die verdutzten Frauengesichter vorstellen und die vielen Fragezeichen, die bildlich über den Köpfen zu sehen waren. Lösen wir auf: Der Berg Athos ist eine 335 Quadratkilometer große autonome Mönchsrepublik, auf der schätzungsweise 3.000 christlich-orthodoxe Mönche in 20 imposanten Klöstern leben. Kirchlich ist die Mönchsrepublik Maria, der Mutter Jesu, gewidmet. Um Maria zu ehren, ist Frauen bis heute der Zutritt untersagt. Selbst weibliche Tiere, mit Ausnahme von Katzen, dürfen nicht auf dieser Halbinsel gehalten werden. Daher müssen Ausflugsschiffe mit Frauen an Bord einen Abstand von 500 Metern zur Küste des Berges halten. Aber auch Männer dürfen den Berg Athos nicht so einfach betreten, sondern benötigen eine Aufenthaltserlaubnis, ausgestellt vom Präfekten der Mönchrepublik in Thessaloniki.

Somit ist es wichtig, dass Sie sich vorher vergewissern, ob Sie diesen neuen Weg, den Sie bestreiten wollen, auch betreten und dann auch gehen dürfen. In meinen Vorträgen wähle ich gerne ein weiteres Beispiel:

Sie, meine Damen, sitzen mit ihren besten Freundinnen in einer netten Bar und genießen den Abend mit einem schönen, prickelnden Gläschen Prosecco. Ihre Stimmung ist ausgezeichnet, der Alkohol wirkt leicht, Sie lachen viel und sind bestens vergnügt. Die Tür geht auf und nun steht er da – ein Mann, den Sie sich schon immer in Ihren kühnsten Träumen vorgestellt haben. Sportlich-durchtrainierte Figur, tiefblaue Augen, sehr gepflegtes Erscheinungsbild, extrem modisch gekleidet. Sie wissen in diesem Moment ganz genau: „Ja, ich will". Sie wissen ganz genau: „Ja, ich kann." Allerdings Sie wissen noch nicht, ob Sie auch dürfen?

FRAGE: Sind Sie sich Ihrer Fähigkeiten und Kenntnisse selbst-be-wusst, die Sie empowern und somit befähigen, Ihren eigenen Weg zu gehen?

Bei einem JA schreiben Sie diese auf. Visualisieren Sie diese. Bei einem NEIN schreiben Sie sie ebenfalls auf und lesen das nächste Kapitel sehr aufmerksam.

TIPP: ÜBERLEGEN SIE, WAS SIE BESONDERS GUT KÖNNEN!

Schreiben Sie Ihre fünf größten Stärken auf:
1.
2.
3.
4.
5.

Welche fünf Stärken sehen Ihre guten Freunde, also die Freunde, die Ihnen die Wahrheit sagen, an Ihnen?
1.
2.
3.
4.
5.

Gibt es Unterschiede in der Betrachtungsweise?
Bei einem JA einigen Sie sich mit Ihren Freunden auf drei übereinstimmende Stärken. Notieren Sie diese:
1.
2.
3.

Sie werden sich nun vielleicht fragen, warum Sie Ihre Stärken und nicht Ihre Schwächen notieren sollen. Die Antwort ist ganz einfach. Weil an Stärken zu arbeiten, wesentlich mehr Spaß macht als an Schwächen. Außerdem wissen wir heute, dass an Stärken arbeiten effizienter ist.

Erinnern Sie sich noch an Ihre Schulzeit? Bestimmt gab es Fächer, die Sie geliebt haben, andere sollten wir dagegen lieber nicht erwähnen, darin waren Sie schlecht. Angenommen, Mathematik hat Ihnen gar nicht gefallen und Sie hatten in der Regel eine 5 im Zeugnis. In Deutsch aber waren Sie gut, es hat Ihnen Spaß gemacht, Aufsätze zu schreiben oder zu interpretieren. Sie hatten in Deutsch eine 2. Was haben Ihre Eltern in der Regel gesagt: „Die 5 in Mathe muss weg. Setz dich hin und lerne!" Und obwohl das gar keinen Spaß gemacht hat, waren Sie folgsam und haben gelernt. Was war das Ergebnis? In den meisten Fällen gelang es Ihnen mit Mühe, von einer 5 auf eine 4 im Zeugnis zu kommen. Was aber geschah mit der guten Note in Deutsch? In der Regel, da Sie ja die gesamte Energie in Mathematik investiert hatten, blieb weniger Energie für Deutsch übrig. Die meisten Schüler, so auch ich, rutschten dann in Deutsch von einer 2 auf die Note 3. Damit waren Sie mit einer 4 in Mathematik und einer 3 in Deutsch im Mittelmaß. Niemand beachtete Sie als Schüler groß, denn Ihre Schulkameraden hatten ähnliche Noten.

Was wäre aber passiert, wenn Sie die gesamte Kraft und Leidenschaft, die Sie notgedrungen in Mathematik gesetzt haben in Deutsch investiert hätten? Wären Sie dann eventuell von einer 2 auf eine 1 im Zeugnis gekommen? Mit Sicherheit, vor allem auch deshalb, weil eine 1 etwas Tolles ist, weil eine 1 motiviert, weil eine 1 Sie aus der Masse der anderen Schüler herausstechen lässt. Und glauben Sie mir, es ist einfacher von einer Note 2 auf eine Note 1 zu kommen als von einer Note 5 auf eine 4. Deshalb arbeiten Sie künftig an Ihren Stärken.

Wenn Sie nun fragen, was mit der Note 5 passiert … Lassen Sie – im übertragenen Sinne – die 5 stehen, denn diese können Sie locker mit einer Note 1 im Zeugnis ausgleichen.

Empowerment: Etwas wollen, können, dürfen

„JA! Das mache ich einfach so!" Kennen Sie diesen Satz? Ich schon, denn als ich noch klein war, waren mir die ganzen Grenzen, das Drumherum überhaupt nicht so deutlich und bewusst. Da gab es mich als Kind und meine vielen Ideen, die sofort in die Tat umgesetzt werden wollten. Mit einem Schmunzeln erinnere ich mich an folgende Situation: Ich war noch recht klein, etwa fünf Jahre alt. Draußen schneite es wunderschöne, dicke Flocken. Es war kalt und der Schnee hüllte die ganze Landschaft ein. Der Tag war grau und wolkenverhangen. Ich war total glücklich, denn als Kind wusste ich, dass Frau Holle ihre Decken schüttelte und deswegen der Schnee vom Himmel fiel. Liebevoll von meiner Großmutter dick eingepackt stapfte ich nach draußen in den Garten. Meine Gummistiefel hinterließen meine Fußabdrücke, die Schneeflocken kitzelten mein Gesicht und landeten sanft auf meiner Mütze. Bei meiner großen Liebe zu Indianern kam ich auf die Idee, statt eines Iglus ein Indianerzelt zu bauen. Aus der Garage holte ich mir einige Bohnenstangen, verband alle mit einer Schnur und stellte die Stangen zu einem Grundgerüst auf, was nicht schwer war. Jetzt brauchte ich jedoch eine Hülle für das Zelt. Dazu besorgte ich mir alte Duschvorhänge und Decken, die ich mit Wäscheklammern an den Holzstangen befestigte. Fertig war die schützende Hülle. Im Zeltinneren räumte ich noch den Schnee weg, klopfte ihn glatt und saß dann selbstzufrieden in meinem Tipi, das dank der bunten Wäscheklammern, den geblümten Duschvorhängen und farbigen Decken aus der weißen Winterwelt hervorstach. Der Schnee rieselte auf den Duschvorhang und mittendrin saß ich, mit Stolz erfüllt und glücklich. Ich habe sprichwörtlich empowert getreu dem Motto: Ich wollte mir ein Zelt bauen, ich konnte mir ein Zelt bauen und ich durfte im Garten das Zelt bauen. Empowerment: Etwas wollen, können, dürfen. Ich war total stolz auf mein Wirken, mein Tun. Ich habe mir selbstbestimmt meinen Wunsch erfüllt. Ich war im Herzen, in meiner Mitte, ich hatte Spaß. Und ich wurde sogar dafür belohnt, was nicht meine Absicht war. Denn als meine Oma zu mir in den Garten kam, lobte sie mich erst einmal für mein Wunderwerk. Meine Belohnung war Aufmerksamkeit, Liebe, heiße Schokolade und ein von Stolz erfülltes Herz. Wunderbar!

Warum erzähle ich Ihnen diese kleine Geschichte parallel zu der Geschichte mit den Noten. Meine Frage an Sie: Wann haben Sie zuletzt einfach einmal etwas, ohne über zig Mal darüber nachzudenken, aus vollem Herzen getan? Ich vermute, es ist lange her. Verpflichtungen, denen wir täglich unterliegen und die Ansprüche von außen haben großen Einfluss auf unser Handeln, Wirken, Tun. Wir kommen kaum mehr dazu, in uns selbst anzukommen. Daher ist es so wichtig, sich einmal Zeit für sich selbst und die eigenen Ziele zu nehmen.

P
E

RELATIONSHIP

F
O
R
M
E
R

Wählen Sie einen Sparringspartner, der Ihnen auf dem Weg zur Marke ICH (eigenen Persönlichkeit) hilft!

Wenn Sie auf dem Feldberg wandern wollen, benötigen Sie nur etwas Orientierungssinn. Außerdem sind an jeder Ecke und Weggabelung Hinweisschilder aufgestellt, die einem zum Gipfel führen. Beim Aufstieg zum Matterhorn oder gar auf den Mount Everest sieht das schon anders aus. Selbst sehr erfahrene Bergsteiger nehmen sich sehr oft einen noch erfahreneren lokalen Bergführer. Das hat den Vorteil, dass dieser Bergführer nicht nur alle Routen zum Gipfel kennt, er sieht auch anhand der Witterungsbedingungen, welche Route basierend auf der gerade jetzt vorherrschenden Wetterlage die beste Route ist. Der Bergführer kennt die besten Plätze für den besonders schönen Ausblick, wo es sich lohnt zu verweilen, aber auch an welchen Stellen besondere Vorsicht geboten ist und sein Bergsteiger aufpassen muss. Bei einer Besteigung des Mount Everests gehören sogenannte Sherpas zum Team, die Lebensmittel und die nötige Ausrüstung an die im Voraus bestimmten Basis- und Höhenlager transportieren.

Kurzum: Holen Sie sich Hilfe, um das Ziel, den Gipfel, zu erreichen.

Auch ich habe mir immer Hilfe geholt und mache das auch noch heute. Ich selbst habe zwei Mentorinnen, die mir dabei helfen, meinen Weg zu gehen und die vor allem sehr darauf achten, mich gegebenenfalls immer wieder einzuordnen, wenn ich Gefahr laufe, von meinem Weg abzukommen. Viele Menschen sehen es als Schwäche, gecoacht zu werden. Es herrscht landläufig – insbesondere im deutschsprachigen Raum – die Meinung, „Wer sich coachen lässt, hat ein Problem", Coaching sei etwas für Weicheier, die ihr Leben, ihre Karriere oder auch ihr Privatleben nicht auf die Reihe bekommen.

Ich gebe diesen Menschen Recht. Wer sich coachen lässt, hat ein PROblem. Das Wort „Problem" enthält das Wörtchen PRO – was bedeutet „für etwas sein". Somit selbstbestimmt für eine Veränderung im eigenen Leben, im Handeln und Wirken einzutreten. Der Vorteil hierbei ist, dass sich dieser

Mensch seiner Themen selbst-be-wusst ist und etwas unternimmt, um eine Veränderung in seinem Leben zu erwirken. Der Mensch, also Sie, kommt ins Handeln, statt nur über etwas nachzudenken.

Lassen Sie uns eine kleine Übung machen. Anhand zweier kleiner Wörter lassen sich ganz einfach die eigene Sichtweise verändern und das eigene Denken neu justieren. Es sind die Wörter WARUM und WOZU.

Eleminieren Sie das Wort WARUM aus Ihrem Wortschatz und verwenden Sie dafür das Wort WOZU. Erinnern Sie sich noch an Ihre Kindheit? Wie oft haben Sie Fragen gehört wie: „Warum hast du das angestellt?" oder „Warum hast du diese oder jene Entscheidung getroffen?" oder vielleicht auch: „Warum hast du die Schule geschwänzt?" Die Antworten auf die WARUM-Fragen sind immer vergangenheitsorientiert. WOZU-Fragen aber lenken Ihr Denken und den Blick in die Zukunft. Alles, was Sie vom Tag Ihrer Geburt bis jetzt erlebt haben, ist bereits vergangen und nicht mehr änderbar. Nur der Augenblick und die Zukunft können verändert werden. So macht es einen gewaltigen Unterschied ob ich frage:

„WARUM lässt du dich coachen?"
oder
„WOZU lässt du dich coachen?"

Beim WOZU geht es ganz klar um die zukünftige Zielerreichung. Wer in WOZU denkt, weiß, wo er steht. Dieser Mensch möchte im Coaching nicht das Vergangene aufarbeiten, denn dazu sollte er sich in gute, therapeutische Hände begeben. Dieser Mensch hat den Willen, sich zu verbessern, möchte etwas bewegen, will etwas verändern.

TIPP: SUCHEN SIE SICH EINEN BEGLEITER

Machen Sie sich Gedanken, wer Ihr Begleiter sein kann, der Sie dabei unterstützt, Ihren eigenen Weg zu gehen. Einen Coach oder Mentor zu finden ist leicht. Allerdings den Richtigen für sich zu finden, ist extrem schwer. Heute tummeln sich schätzungsweise rund 200.000 Trainer, Berater und Coaches im deutschsprachigen Markt. Hier empfehle ich zwischen den Besten und dem Erfolgreichsten zu unterscheiden. Der Beste ist daran interessiert,

Ihnen auf Ihrem Weg zu helfen. Der Erfolgreichste ist vor allem daran interessiert, sich selbst zu helfen und Ihnen jeden Cent aus der Tasche zu ziehen. Berichte in Zeitschriften und anderen Medien über die erfolgreichsten Coaches, Trainer und Berater sagen noch nichts über die Qualität dieser Berufsgruppe aus. Orientieren Sie sich daher stets an den Besten.

Sicherlich fragen Sie sich jetzt: Wer ist der oder die Beste? Sehr oft ist es nicht die Person, die am lautesten schreit und überall in den Medien präsent ist. Die wirklich guten Begleiter brauchen keine Werbung. Diese werden unter der Hand empfohlen. Zumeist leben sie rein von der Mundpropaganda, durch bereits erfahrene und erfolgreiche Menschen. Und ich bin mir sicher, Sie kennen bestimmt jemanden, der jemand kennt, der wiederum jemanden kennt. Oder Sie fragen mich, ich kann Ihnen auch sehr gern eine Empfehlung aussprechen.

Der Erfolgreiche ist nicht immer der Beste!
PETER BUCHENAU

Ich bin meinen beiden Mentorinnen dankbar und freue mich jedes Mal, wenn ich mit der einen oder anderen Dame in den Austausch gehe. Nach einer Sitzung bin ich so was von motiviert und voller Ideen und Tatendrang, dass ich sofort die Welt verändern möchte. Allerdings holen mich die beiden Damen dann immer wieder auf den Boden der Tatsachen zurück. Der Tag hat nun mal nur 24 Stunden und es bedarf einer guten zielorientierten Priorisierung, welche Idee ich als nächstes umsetze. Natürlich ganz klar ausgerichtet auf meinen Weg. Diese zwei Damen gehören für mich zu den Besten ihres Fachs.

FRAGE: **Sind Sie bereit, externe Hilfe von einem erfahrenen Weggefährten anzunehmen?**

Bei einem JA sind Sie in guter Gesellschaft. Unzählige Menschen lassen sich helfen und erreichen ihr Ziel wesentlich leichter. Bei einem NEIN, keine Angst. Auch Sie werden hoffentlich Ihren Weg gehen und Ihr Ziel erreichen, wenn er vielleicht auch etwas steiniger sein wird.

Doch wie finden Sie den für Sie passenden Coach, Sparringspartner oder Mentor? Egal, wie sich die Person nennt, schlussendlich soll sie Ihnen helfen, dass Sie Ihren Weg finden und ihn in Zukunft alleine, autonom gehen können. Für mich sind zwei Faktoren bei der Wahl eines Begleiters extrem wichtig.

1. Ich möchte zu dieser Person aufschauen können. Ein Begleiter auf gleiche Ebene oder gar tieferen Ebene bringt mich nicht weiter. Gerade Anfänger und besonders auch viele Trainer, Berater und Coaches leisten sich leider oft zu billige Kollegen. Das erhoffte Ergebnis bleibt aus und ein Coach-Hopping setzt ein. Das wäre beinahe so, als würde sich der FC Bayern München einen Trainer aus der Amateurliga holen. Doch wer in der Bundesliga spielen will, braucht einen Trainer mit Bundesliga-Erfahrung. Wenn sogar die Champions League ins Auge gefasst wird, brauche ich einen Trainer mit Champions-League-Erfahrung. Die gleiche Regel gilt auch am Berg. Möchte ich einen Berg besteigen, den ich zuvor noch nie bestiegen habe, der auch in der Schwierigkeitsskala über meinem Bergsteigerlevel liegt, benötige ich einen Bergführer, der besser und erfahrener ist als ich.

2. Ich muss meinen Begleiter riechen können. Stimmt von Anfang an die Chemie oder der Nasenfaktor nicht, werden Sie nie auf einen Erfolgsweg geraten. Widerstand macht sich breit und Streit ist an jeder Weggablung vorprogrammiert.

TIPP: **WÄHLEN SIE NICHT DEN BILLIGSTEN BEGLEITER**

Kurzum, wählen Sie nie den billigsten Begleiter auf Ihrem Weg. Wählen Sie einen erfahrenen Weggefährten, auch wenn dieser etwas teurer ist. Bei diesem Gefährten zahlen Sie vielleicht ein bisschen mehr Geld, bei einem unerfahrenen Gefährten bezahlen Sie vielleicht mit Lebenszeit und -qualität. Überlegen Sie: Wer könnte Ihr künftiger Begleiter sein?

Wow – eine Begleitung! Nur für mich? Wie toll, das wird spannend, das macht Spaß, es er-MUT-igt! Was gibt es Besseres als von einer Person, die einen nicht im Alltag kennt, ein offenes Feedback zu bekommen. Ich habe das selbst ausprobiert. Als ich in meiner Laufbahn nicht so wirklich vorankam und mir damals auch nicht die Zeit nahm, zu reflektieren, etwas zu ändern, und es anfing zu stagnieren, holte ich mir bewusst Unterstützung. Das ist vergleichbar wie mit dem Abnehmen. Ich gestehe: Manchmal bin ich ein kleiner Couch-Potatoe. Gerade im Herbst, wenn die Tage kürzer und grauer werden. Plätzchen oder Chips steigern die Wohlfühlatmosphäre und machen den Bauch vorerst glücklich. Doch spätestens dann, wenn ich feststelle, dass meine Hosen ihr Angepasstsein an mich verändern, weiß ich, es ist Zeit wieder etwas aktiv zu tun und ins Handeln zu kommen. Sie glauben gar nicht, wie viele Gespräche zwischen Hosen und Menschen nonverbal stattfinden. Vielleicht kennen Sie das auch? In solchen Momenten kann man entweder sich dem Ganzen hingeben und riskiert einfach weiter zuzunehmen oder man entscheidet sich, aktiv zu werden und etwas für sich und seinen Körper zu tun. In dem Fall wäre es auf Süßigkeiten zu verzichten und Sport zu machen. Um jedoch effektiver zu trainieren ist es wichtig, dies unter Anleitung zu tun, etwa in einem Sportverein oder sogar einem Personal Trainer, der das Fitnessprogramm individuell auf Ihre Person und Ihre Bedürfnisse abstimmt. Er begleitet Sie – Schritt für Schritt.

Genauso ist es im Job, in Ihrer Entwicklung. Sie haben das passende Gegenstück, Ihren Coach, gefunden, können Sie selbst sein und bei den Gesprächen mit Ihrem Mentor auch Sie selbst bleiben. Sie öffnen sich und bekommen klare, sehr gut umsetzbare Tipps und Strategien an die Hand, um sich weiterzuentwickeln. Sie schärfen Ihre Sinne in diesen Gesprächen für sich selbst. Wer sind Sie, was sind Ihre Talente, welche Ausdauer bringen Sie für Themen oder Ihr Ziel mit, wie ist Ihre Kondition und was kann man tun, um diese zu verbessern? Diese und weitere Fragen helfen Ihnen mit einem Coach Ihr Potenzial und auch unbewusste Fähigkeiten gemeinsam zu erarbeiten. Wir sind hier in diesem Buch ehrlich und offen mit Ihnen. Das ist sehr viel Arbeit. Manchmal möchte man zwischendurch alles hinwerfen, weil es anstrengend ist, sich mit sich selbst zu beschäftigen. Dafür haben Sie einen Partner an Ihrer Seite, Ihr Coach ist für Sie da. Er hilft Ihnen zum nächsten Schritt, ist ein Wegbegleiter, Motivator. Es macht großen Spaß, Ihre Fähigkeiten, Kraft, Kenntnisse, Erfahrungen und Ihr Wissen weiter auszubauen. Er bringt Sie in Topform! Holen Sie sich die Power von außen! Es lohnt sich.

Ausgewogene Freundschaften und Beziehungen

Kennen Sie das auch? Sie haben viele Freunde auf Facebook, Instagram, Twitter oder in anderen sozialen Netzwerken, sei es privat oder beruflich. Da gibt es den Kindergarten-Clan, die alte Clique aus Schulzeiten, Arbeitskollegen, Eltern der anderen Kinder, den Sportverein, Clubs, Family-Business und die eher oberflächlichen Bekanntschaften. Überall soll man heute präsent sein, sich positionieren. Rundum fröhliches Eigenmarketing. Die Happy-Family-Fassade mit dem Sonnenschein-Effekt ist heute im Außen allgegenwärtig. Und bei all dem täglichen Stress, den jeder heute hat, merkt man überhaupt nicht mehr, wie man nur noch funktioniert. Die Jagd nach Anerkennung, Ruhm, monatlichem Einkommen, Status, Habitus kennt keine Grenzen mehr. Offenheit und Ehrlichkeit kann man meist nur noch in den eigenen vier Wänden erleben, wenn nicht gerade alle Familienmitglieder getrennt voneinander ihre Zeit in separaten Räumen verbringen und sich von TV, Internet und WhatApp-Nachrichten berieseln lassen.

Jetzt werden Sie vielleicht als Mann sagen: „Irgendeiner muss ja die Brötchen nach Hause bringen! Dann bin ich froh, wenn ich abends zuhause auf dem Sofa sitze, Ruhe habe und meine Kinder plus Frau noch sehe." Als Frau sagen Sie vielleicht: „Ich bin Familienmanagerin, stelle meine Bedürfnisse völlig hinten an, wuppe den Haushalt, versorge die Kinder, muss nebenbei noch arbeiten. Wann soll ich da noch durchschnaufen?" Und die Kinder sind der Meinung, sie brauchen noch mehr Zeit zum Chillen, mehr technisches und bitte neuwertiges IT-Equipment, es darf gern noch ein wenig mehr sein, damit alles schön im Internet gepostet werden kann, angefangen von Klamotten, Teilnahme an coolen Events oder eine Party, die bildlich dokumentiert sein soll. Wenn die Schule morgens wieder losgeht, muss man schließlich positiv positioniert sein!

Doch nicht nur Familienmenschen, auch Single-Frauen oder -Männer leiden unter Stress. Der Job, die Sportstunden, die man besuchen muss/möchte, coole Klamotten und der Lifestyle sind wichtig. Es muss gezeigt werden, „Ich bin überall da, wo Familienväter/-mütter nicht sind. Ich genieße mein Leben – gern ohne Kinder!" Hierzu gibt es natürlich noch viele weitere und verschiedene Lebensvarianten. Was sich hier verändert hat, ist unser gemeinsames und immer stärker voranschreitendes digitales Leben, das Einfluss nimmt. Was abnimmt, sind unsere echten, wertvollen und sehr guten Beziehungen.

Auch ich finde, dass Weiterentwicklung ein ganz wesentlicher und elementarer Baustein unseres Lebens ist. Viele Dinge sind richtig gut und sinnvoll. Doch was ich hier zu bedenken gebe, ist: Inwieweit ist das für jeden Einzelnen erlebbar und lebenswert? Drücken Sie einfach einmal die Stopp-Taste, frieren Sie das Bild ein und stellen Sie sich folgende Fragen:

- Lebe ich mein Leben? Oder werde ich gelebt?
- Spüre ich mich selbst? Wie fühlt sich das an?
- Tut mir körperlich oder seelisch etwas weh? Habe ich das überhaupt wahrgenommen?
- Wie geht es mir damit?
- Verdränge ich es lieber? Wenn ja, warum?
- Muss ich immer überall 100 Prozent oder mehr geben?
- In welchen Bereichen ist das der Fall?
- Wann habe ich zuletzt wirklich einmal das gemacht, was mir am Herzen lag?
- Was haben Sie früher sehr gern gemacht und tun es heute nicht mehr? Woran liegt das?
- Wann habe ich mir das letzte Mal eine „ICH-Zeit" gegönnt?
- Wer sind meine Freunde, auf die ich wirklich zählen kann?
- Wann habe ich meinen Freunden das letzte Mal gesagt oder gezeigt, dass sie wertvoll für mich sind?

Ich weiß – das sind Fragen, die man nicht immer gern ehrlich beantworten möchte. Es kostet Zeit und manchmal schmerzt es auch, feststellen zu müssen, dass man Menschen, die einen sehr mögen und wertschätzen, oft im Alltagstrubel vergisst. Es geht allerdings auch darum, einmal wirklich klar zu sein und zu selektieren: Wer ist mir wichtig und wem bin ich wichtig? Dann das Adressbuch, ob digital oder in Papierform, in die Hand nehmen und in einer ruhigen Minute reflektieren, wer einem wirklich nahesteht.

Ein sehr guter Freund von mir hatte mich einmal in einem Gespräch darauf hingewiesen. „Denke einmal darüber nach: Es gibt Freunde und Bekannte, die sollte man für sich sehr gut kennen. Stelle dir selbst die Frage, wer auch in guten Zeiten oder im Notfall für dich da sein wird." Das habe ich mir wirklich zu Herzen genommen. Deshalb habe ich es mir jedes Jahr zur Regel gemacht, am Ende eines Jahres meine Adressen durchzusehen und dabei natürlich auch zu reflektieren, ob ich Zeit in meine eigenen Freundschaften investiert habe. Wo war ich ausschließlich mit mir und meinen Themen beschäftigt, wann habe ich mich auf mein Umfeld eingelassen, war locker, offen und gelöst und für andere da? Das schärft den Blick auf sich selbst, das eigene Handeln und natürlich auch auf alle, die man kennt.

TIPP: REFLEKTIEREN SIE IHREN FREUNDESKREIS

Wer sind Ihre Freunde?
1.
2.
3.

Seit wann sind Sie befreundet?
1.
2.
3.

Was schätzen Sie an Ihren Freunden?
1.
2.
3.

Was zeichnet Ihre Freunde aus?
1.
2.
3.

Was waren besonders schöne Momente mit Ihren Freunden?
1.
2.
3.

Freundschaften springen ein, wenn die Familie nicht greifbar ist. Sie wärmen, sie nähren, sie geben Stärke, Kraft und Mut. Ein Gespräch mit einem guten Freund verleiht eine neue Sichtweise auf Themen, Dinge, gibt Raum für eigene Gedanken. Es ist etwas ganz Wertvolles. Es bedeutet Rat zu erhalten, diesen aber nicht annehmen zu müssen. Es ist eine Hilfestellung Gedanken und Ideen in sich zu lassen, zu reflektieren und dann für sich selbst eine eigene Entscheidung zu treffen. Ein guter Freund gibt Ihnen den nötigen Raum, das Vertrauen in sich selbst. Genauso tut es ein guter Bergführer, Berater, Coach und Mentor.

P
E
R

FLEXIBILITY

O
R
M
E
R

Akzeptieren Sie, dass die Veränderung die einzige Konstante in Ihrem Leben ist!

Zum Einstieg eine kleine Anekdote:

Es war ein herrlicher Julimorgen im Graubündner Surselva Tal, als mich Florin um 5 Uhr weckte. Zusammen mit Florin, Chefarzt im ortsansässigen Krankenhaus, wollte ich heute die Ringelspitz, mit 3.247 Metern der höchste Berg der St. Galler Alpen, besteigen. Am Vorabend hatten wir schon unsere Verpflegung gerichtet, die Rücksäcke waren schon gepackt, die Route eingeprägt. Wir wollten von Süden bis auf ca. 3.000 Meter aufsteigen und danach den Gipfel von der Nordseite bezwingen. Los ging es. Zur anfänglichen Erleichterung fuhren wir mit dem Auto auf eine Alm. Von dort aus rechneten wir mit ungefähr vier Stunden Aufstieg. Die Route war anstrengend bis zum Kamm, von wo wir zur Nordseite gelangten, aber als leicht eingestuft. Die letzten 200 Meter zum Gipfelkreuz galten allerdings als schwer. Ungefähr 400 Höhenmeter vor uns sahen wir eine andere Bergsteigergruppe, die nach unserer Berechnung etwa 45 Minuten vor uns aufgebrochen sein musste. Wir hatten keine Eile, das Wetter war stabil, kein Umschwung in Sicht. Gerade in dem Moment, wo wir den Kamm überquerten, hörten wir ein ohrenbetäubendes Propellergeräusch. Ungefähr 200 Meter von uns entfernt kreiste ein Helikopter der Schweizer Rettungsflugwacht und barg offensichtlich einen verunglückten Bergsteiger. Es dauerte keine 10 Minuten, dann war die Bergung erfolgreich abgeschlossen und der Helikopter drehte in Richtung nächstem Krankenhaus ab. Wir setzten unsere Tour fort. Als wir über einen kleinen Felsvorsprung an der Nordostwand kamen, blieben wir wie versteinert stehen. Vor uns lag ein 50 Meter breites Schneefeld, dass wir zum Erreichen des Gipfels überqueren mussten. Eigentlich kein Problem für zwei routinierte Berggänger wie Florin und mich. Nur in diesem Moment schon. Wir beide hatten auf dieser Tour nicht damit gerechnet, im Juli auf gut 3.000 Höhenmeter noch auf ein Schneefeld zu treffen. Die Ausrüstung, die uns sicher über das Schneefeld bringen würde, lag gut verstaut drei Stunden Fußmarsch entfernt in unserem Fahrzeug. Was also tun? Wir hatten drei Varianten zur Auswahl.

1. Das Schneefeld ohne passende Ausrüstung zu überqueren.
2. Einen Umweg von ungefähr zwei Stunden um die gesamte Südseite des Berges herum, auf uns zu nehmen, um dann von der anderen Bergseite den Gipfel zu besteigen.
3. Abbruch

Ich bin mir heute absolut sicher, dass unsere Entscheidung an diesem Tag anders ausgefallen wäre, hätten wir nicht unmittelbar zuvor die Rettungsaktion der Rega miterlebt. Das Risiko der Überquerung ohne entsprechende Ausrüstung erschien uns zu hoch, deshalb brachen wir die Tour ab. Dafür genossen wir jeden Moment des Abstiegs. Machten oft Pause, atmeten bewusst die reine Bergluft und erfreuten uns an der unendlichen Weite der Alpen, die wir in diesen Höhen in absoluter Klarheit und Weitsicht erleben durften. Obwohl wir das Ziel, die Ringelspitz, an diesem Tag nicht erreicht hatten, war es für uns ein traumhafter Tag. Acht Wochen später bestiegen wir mühelos und gefahrlos den Gipfel. Der verunglückte Bergsteiger überlebte übrigens den Absturz. Florin berichtete mir kurze Zeit später, dass dieser Bergsteiger genau auf dem Schneefeld ausgerutscht und in die Tiefe gestürzt war. Die Gruppe hatte nicht die richtige Ausrüstung dabei und die Lage falsch eingeschätzt – die Gruppe war nicht empowert.

Diese Geschichte zeigt uns, wie wichtig es ist, flexibel und beweglich zu sein. Selbst in der Natur sichert Flexibilität Stabilität. Bäume würden bei starken Winden umfallen und entwurzelt werden, wenn der Baum nicht beweglich wäre. Die Wipfel geben bei Wind nach, der Baum schwingt und bleibt somit fest mit dem Erdreich verankert.

Flexibilität erzeugt und sichert Stabilität.
PETER BUCHENAU

Einer meiner Erfolgsfaktoren dafür, dass ich es als Nicht-Amerikaner in einem US-Konzern bis ins hohe Management schaffte, war meine Flexibilität. So fing ich als verantwortlicher Solution Designer für Computernetzwerke in dem Konzern an. Ich hatte gerade meine erste Planung für eine Schweizer Bank fertiggestellt und wir präsentierten das Ergebnis dem Kunden. Der Kunde war beeindruckt und sagte spöttisch: „Lieber Herr Verkäufer, wenn Sie mir nun noch sagen, wer in Ihrem Konzern dieses Netzwerk für uns baut und in Betrieb nimmt, dann unterzeichnen wir sofort den Vertrag." Ohne auch nur mit der Wimper zu zucken, drehte sich der Vertriebler um, zeigte mit dem Finger auf mich und sagte: „Er macht es!" So wurde ich innerhalb von Sekunden vom Solution Designer zum Projektleiter. Ein halbes Jahr später verantwortete ich das gesamte Projektgeschäft in der Schweiz, Österreich und CEE (Central East Europe). Ein Jahr später war ich für ganz Europa zuständig und so ging es immer weiter. Jede neue Aufgabe ging mit neuen Arbeitsplätzen und Wohnorten einher. Von Basel nach Zürich von Zürich nach Amsterdam und so weiter.

TIPP: HALTEN SIE ALTERNATIVEN BEREIT

Auf dem Weg zu Ihrem Ziel kann es immer wieder zu Hindernissen kommen. Gehen Sie gelassen und flexibel damit um. Hindernisse soll(t)en Sie anspornen und nicht zum Aufgeben bewegen. Hindernisse geben Ihnen Zeit, über den jetzt gerade stattfindenden Stillstand in dieser Situation nachzudenken, was Sie besser machen können. Es ist wie mit einer Excel-Formel (Wenn-Dann-Sonst): Wenn ich den Weg mit Route A nicht gehen kann, dann nehme ich Route B, ansonsten C. Manchmal sind es genau die neuen Routen, die Sie näher, schneller und einfacher Ihrem Ziel, Spuren zu hinterlassen, näherbringen.

FRAGE: **Fällt Ihnen eine eigene Geschichte ein, in der ein vermeintliches Hindernis Sie weiter vorangebracht hat?**

Wenn Ja, war das nicht ein schönes Gefühl und sind Sie nun nicht stolz, jetzt darüber berichten zu können? Bei einem NEIN sollten Sie vielleicht einmal überprüfen, inwieweit Flexibilität und Bewegung Sie weiterbringen.

Vielleicht möchten Sie mir Ihre Geschichte erzählen, schreiben und mir zusenden. Beim Schreiben wird Ihnen auffallen, wie viel Sie schon in Ihrem Leben geleistet haben, ohne es wirklich wahrzunehmen.

Nutzen Sie immer die Chance, neue Wege zu gehen. Enttäuscht darf man sein, wenn manche Dinge manchmal nicht funktionieren. Das Wort „Ent-Täuschung" sagt hier bereits aus, dass man einer eigenen Täuschung unterlag und jetzt sprichwörtlich „ent-täuscht" wird. Ist man sich darüber im Klaren, hat man stets die Chance, das Leben zu verändern, den Weg zu überdenken, flexibel zu sein, neue Wege zu gehen. Seien Sie mutig und sich selbst gegenüber offen!

Gerne möchte ich zum Thema Flexibility und Veränderung auch meinen Freund Joe vorstellen. Er hat als Mensch eine für mich beispielhafte Entwicklung durchlaufen und seinen eigenen Weg gefunden. Da Joe selbst den nachfolgenden Werdegang geschrieben hat, belasse ich diesen in der Ich-Form.

Wenn du mich heute triffst, lernst du einen 47-jährigen Mann voller Lebendigkeit und Lebensfreude kennen. Du lernst einen Mann kennen, dessen Herz heute liebevoll geöffnet ist und der alle seine Gefühle genießt und vollumfänglich zulässt. Du lernst einen Mann kennen, der aus tiefstem Herzen heraus lachen und weinen kann. Du lernst einen Mann kennen, der heute fest mit beiden Beinen auf dem Boden steht, seine Persönlichkeit lebt und seinen Standpunkt im Leben gefunden hat.

Dann wünsche ich mir eine Zeitmaschine, um mit dir gemeinsam sieben Jahre zurück in meine Vergangenheit zu reisen. Du wärst erstaunt: Den Menschen, der dort vor sieben Jahren vor dir stünde, würdest du nicht als den Mann wiederkennen, der ich heute bin. Dort würde ein Mensch vor dir stehen, der völlig in sich zurückgezogen ist, voller Unsicherheit und voller Selbstzweifel.

Dort würdest du einen Menschen erleben, der nicht weiß, was er selber wirklich möchte. Du würdest einen Menschen treffen, der unzählig viele Rollen gespielt hat, einzig und allein immer mit dem Ziel, nicht unangenehm aufzufallen, von allen möglichst geliebt zu werden und es allen ständig Recht zu machen. Dieser Mensch war kein Mann in dem Sinne, wie ich heute für mich den Begriff Männlichkeit definiert und entdeckt habe.

Dieser Mensch war ein in seiner Pubertät steckengebliebener Jugendlicher im Körper eines Erwachsenen. Die Transformation vom Kind zum Mann konnte er aufgrund unserer gesellschaftlichen Umgangsformen mit der Pubertät nicht vollziehen und durchleben. Ich provoziere und möchte zum

Nachdenken anregen: Dies trifft meiner Überzeugung nach beim allergröß-
ten Teil der deutschen Männer zu.

Ich habe bis zu meinem 40. Lebensjahr meine eigenen und tiefsten Sehn-
süchte zu einem großen Teil ignoriert bzw. nicht einmal gekannt. Ich hatte
nie gelernt, darauf zu hören, was mein Herz möchte. Ich hatte verlernt,
meine Intuition wahrzunehmen und selbst dann, wenn ich sie hin und wie-
der in Teilen bemerkt habe, fehlte mir der Mut, auf sie zu hören und ihr zu
folgen. Das ließ mich in meiner damaligen Situation als freiberuflicher Mu-
siker und Inhaber einer sehr erfolgreichen Musikschule immer unglücklicher
und letztendlich auch körperlich krank werden. Mir blieb, aus heutiger Sicht
glücklicherweise, nichts anderes übrig, als damit zu beginnen, an mir als
Mensch und als Mann zu arbeiten. Ich trat die für mich spannendste Reise
meines Lebens an – die Reise zu mir selbst. Ich stellte mir Fragen: „Wer bin
ich wirklich?", „Was möchte ich wirklich?", „Wie möchte ich leben?", „Was
sind meine Bedürfnisse, welche ich in meinem Leben erfüllt haben möchte?"

Die Antworten, welche ich für mich fand, krempelten mich und mein
Leben um. Ich hatte und habe den Mut, heute MEIN Leben zu führen –
mein Leben, wie es mir entspricht. Ich ließ mehr und mehr alles los, was mir
bis dahin eine vermeintliche Sicherheit vermittelt hatte. Geschenkt bekam
ich dafür mein Leben, meine Freiheit und meine Männlichkeit. Ich habe den
Weg zu meiner inneren Stärke gefunden.

Joes Beitrag hätte ich genauso im Kapitel Energie und Kraft oder im nachfolgenden Kapitel Optimismus und Motivation platzieren können. Sich zu verändern bedarf MUT und Joe hat diesen Mut bewiesen und hilft heute aus
seiner eigenen inneren Kraft anderen Menschen sich zu bewegen und neue
Wege zu entdecken. Ich danke dir, Joe Orszulik.

Ein wunderbarer Film zum Thema Mut ist der Film „Antz – Was krabbelt
da?", der eigentlich für Kinder gedacht ist und/oder Erwachsene mit Liebe zu
Zeichentrickfilmen. Wie komme ich jetzt bei dem Thema „Flexibilität" auf
diesen Film? Tja, das ist einfach, denn er enthält eine Szene, die wunderbar
dazu passt und die ich gern auch in Seminaren wiedergebe. Bitte stellen Sie
sich eine grüne Wiese vor, auf der die Ameisen, tagein, tagaus immer den-
selben Weg laufen, um Essen zu transportieren. So wie wir das jeden Tag
machen, wenn wir zur Arbeit gehen. Doch eines Tages blüht auf dem Weg

eine Blume. Der Anführer der Kolonie stoppt abrupt. Alle geraten in Panik. Es ist mitten auf dem Weg eine Blume gewachsen und versperrt den ursprünglichen Routineweg. Alle sind total aufgeregt und aus dem Häuschen. Keiner weiß, was man tun könnte. Die Kolonne bleibt stehen. Bis dann letztlich der Held des Films, die Ameise „Z" auftaucht und ganz locker meint: „Mensch, dann lauft doch um die Blume herum". Die erste Ameise schaut erst ängstlich, traut sich aber dann doch, alle anderen laufen hinterher und sind sichtlich erleichtert. Der Tross setzt sich in Be-WEG-ung. Diese Szene zeigt deutlich, wie starr wir in Situationen verhaftet sein können. Tagein, tagaus Routine. Wir passen uns an, über Jahre, schalten im schlimmsten Fall ab und sind dann verunsichert, wenn sich eine neue Situation auftut. Das kann ein Führungswechsel in einer Firma sein, eine Umorganisation im Unternehmen oder sogar der Wegfall des Arbeitsplatzes. Jetzt waren Sie tagein, tagaus für das Unternehmen da und plötzlich ändert sich etwas. Hier bedarf es Ihrer Flexibilität, der Neuorientierung, Ihrem ersten Schritt in eine neue Richtung, Ihrem eigenen Ziel, und das selbstbestimmt. Daher seien Sie flexibel in Ihrem Denken, Ihrem Handeln, denn so fällt Ihnen ein spontaner Richtungswechsel, das Einnehmen einer neuen Perspektive wesentlich leichter. Sie haben es sprichwörtlich in Ihren Füßen, Ihren eigenen, selbstbestimmten Weg zu gehen. Frisches Denken, frisches Handeln runden Sie als Persönlichkeit ab und machen Sie fit und agil für die Zukunft.

P
E
R
F
OPTIMISM
R
M
E
R

Treten Sie sich ruhig immer wieder selbst in den Hintern!

Pessimisten behaupten: „Das Glas ist halb leer", Optimisten behaupten: „Das Glas ist halb voll". Ich sage: „Ist doch egal, trink einfach den Rest und genieße!" Sehr oft sehen wir das Gute vor unseren Augen nicht, leben nicht im Hier und Jetzt. Aber Präsenz, was die Grundlage der Wirkung ist, passiert immer in Anwesenheit der Gegenwart, im DA-SEIN, im Hier und Jetzt. Wer lieber in der Vergangenheit und nicht in der Gegenwart lebt, lässt sich zu oft von seinem Weg abbringen. Wie oft haben Sie schon den Satz gehört: „Früher war alles besser …" Stellen Sie sich die Frage: „Was kann ich jetzt gut, was sind jetzt meine Pläne, was möchte ich jetzt – genau in diesem Moment verwirklichen?" Und erinnern Sie sich noch? Ziemlich am Anfang des Buches habe ich geschrieben, dass ich immer schon mal ein Buch schreiben wollte, aber mir selbst gesagt habe: „Das schaffst du nie!" Und so dauerte es über 40 Jahre, bis mein erstes Buch erschien. Ich schreibe jetzt und gehe mit Ihnen, Zeile für Zeile, den Weg Ihrer neuen Entwicklung.

Sie kennen sicherlich die Situation, wenn Sie vergessen haben die Handbremse zu lösen und mit Elan losfahren möchten. So ähnlich ist es mit Sätzen wie: „Das schaffe ich nie!" oder „Das hat noch keiner gemacht!" oder „Das macht doch gar keinen Sinn!" oder der Klassiker: „Das war schon immer so!" Diese Standardsätze behindern unsere persönliche Weiterentwicklung. Würde ein Bergsteiger so denken, würde er immer scheitern und nie den Gipfel erreichen, geschweige denn, den ersten Schritt machen. Ein Indianer würde mit solchen Einstellungen nie ein Wild erlegen können. Firmengründer würden kläglich im ersten Jahr nach der Gründung in die Insolvenz gehen. Projektleiter würden nie ein Projekt termingerecht beenden und selbst in der Beziehung würden Sie nie den gewünschten Partner finden. Sie haben mittlerweile ein Ziel für sich definiert. Prima! Sie sind somit jetzt der festen Überzeugung, dass Sie das Richtige für sich tun. Sie sind startklar, haben die richtige Ausrüstung, die notwendigen Kenntnisse und Fähigkeiten erlangt.

Sie wollen, können und dürfen Ihren eigenen Weg gehen, Sie sind empowert. Sie haben einen guten Begleiter in Form eines Coaches oder Mentors an Ihrer Seite. Also, worauf warten Sie noch? Bewegen Sie sich und machen Sie Ihren ersten Schritt auf Ihrem Erfolgsweg!

Psychologisch betrachtet ist Optimismus eine heitere, lebensbejahende und zuversichtliche Lebensauffassung, in der in unserem Fall das Ziel, den eigenen Weg zu gehen, von der besten Seite betrachtet wird. Ja, ich bin gut drauf und schaffe es. Egal, welche Steine ihnen in den Weg gelegt werden, Optimisten packen diese Situationen, sind in ihren Gedanken flexibel und finden immer eine Lösung. Aus Steinen, die ihnen in den Weg gelegt werden, können sie ihren Weg festigen oder eine Mauer bauen. Sie haben es selbst in der Hand und behalten somit die Kontrolle über sich und ihr Leben. Optimisten sehen und nutzen immer ihre Chancen, während Pessimisten meist das Risiko und oder die Krise sehen. Nicht umsonst ist das Chinesische Zeichen für Krise und Chance identisch. Eine Krise ist immer zugleich eine Chance. Wie sehen Sie sich? Was ist Ihre Chance?

TIPP: DEFINIEREN SIE IHRE CHANCEN

Schreiben Sie bitte jetzt Ihre Chancen auf, die Sie jetzt gerade vor sich sehen.

1.
2.
3.

Optimisten haben viel mehr Spaß, Pessimisten haben leider öfter Recht.
PETER BUCHENAU

Spaß motiviert mich! Spaß fordert auf, weiterzumachen! Wenn ich eine Bergtour plane, habe ich vom ersten Moment an Spaß. Würde mir die Tour keine Freude bereiten, würde ich diese erst gar nicht planen, geschweige denn den Gipfel besteigen. Ich stelle mir in Gedanken vor, welche Route ich gehen werde, wie ich nach dem Aufstieg auf dem Gipfel stehe, die saubere, klare, kalte Luft einatme und den Weitblick sprichwörtlich aufsauge. Genau dieser

Weitblick ist es, der mich antreibt, der mich motiviert. Wenn Sie jemals auf einem hohen Berg gestanden haben, wissen Sie, wovon ich rede. Ich sehe weitere tausend Gipfel und jeder dieser Berge ist in seiner Ausstrahlung majestätisch und schreit danach, von mir bestiegen zu werden. Ich fühle in diesem Moment genau diese Gedanken. Was ich denke, strahle ich aus und was ich ausstrahle, ziehe ich an.

Ich bin der persönlichen Meinung, dass jeder Mensch nur sich selbst motivieren kann, denn bestimmte Tätigkeiten macht man einfach gern, weil sie sinnvoll sind oder man sich brennend dafür interessiert. Oft erlebe ich in meinem Coaching Menschen, die mir erzählen, dass ihr Chef sie nicht motiviert und sie deshalb in ihrer persönlichen Entwicklung stehenbleiben. Hierbei geht es dann nicht um den eigenen Willen, sondern darum, eine Belohnung zu erlangen oder auch eine Bestrafung zu vermeiden. Insbesondere das liebe Geld wird als persönlicher Motivator genannt. „Würde ich mehr Geld bekommen, dann würde ich auch bestimmt mehr und härter arbeiten" – solche Aussagen höre ich immer und immer wieder. Ich persönlich nenne Geld „Antreiber", doch wer nur nach Geld strebt, wird nie genügend Geld bekommen.

TIPP: KONZENTRIEREN SIE SICH AUF DAS, WAS SIE KÖNNEN

Konzentrieren Sie sich bei allen Ihren Aktivitäten auf das, was Sie wirklich wollen und können. Geld ist es in den wenigsten Fällen, denn Geld ist immer das Ergebnis Ihres Handelns. Mit Geld können Sie kein Glück, keine Zufriedenheit oder Gesundheit kaufen. Doch strahlen Sie Glück, Zufriedenheit und Gesundheit aus tiefstem Herzen aus, kommt das Geld von ganz alleine.

Tauschen Sie daher Fremdmotivation in Eigenmotivation. Verbannen Sie Worte wie „sollte", „hätte", „könnte" oder „wollte" aus Ihrem Wortschatz, führen Sie stattdessen Floskeln wie „Auf jetzt!" oder „Los geht's!" ein. Sie sind für Ihren Weg, für Ihre Spur verantwortlich. Solange Sie dem Geld hinterherlaufen, folgen Sie immer der Spur eines anderen.

Geld ist immer das Ergebnis Ihres Handelns!
PETER BUCHENAU

Ich möchte Ihnen noch ein anderes, sehr oft genanntes Beispiel aufzeigen. Das Abnehmen. Es gibt in Deutschland Tausende von Menschen, die abnehmen möchten, doch nur den wenigsten gelingt es. Ihre Motivation heißt hier nicht abnehmen, sondern das Abnehmen ist wiederum nur das Ergebnis des Handelns, wie auch das Geld im oberen Beispiel. Im Grunde wollen diese Menschen dadurch attraktiver werden, sie wollen sich gefallen, sie wollen etwas für ihre Gesundheit tun, sie wollen zufriedener leben.

Wenn Sie abnehmen wollen, stecken Sie sich kleine Ziele. Angenommen Sie wollen in drei Monaten 12 kg abnehmen. Ist das machbar? Mit Sicherheit, ja. Sie reduzieren Ihre Mahlzeiten oder Portionen, zählen Punkte oder verzichten ganz auf Kohlenhydrate. Sie treiben mehrmals wöchentlich Sport. Nach drei Monaten stellen Sie sich auf die Waage und haben 11,5 kg abgenommen. Das ist ein tolles Ergebnis! Doch Ihr Gehirn wird Ihnen sagen: „Ziel nicht erreicht!" Nehmen Sie daher lieber 12 kg in zwölf Monaten ab. Jeden Monat ein Kilogramm. Das macht Spaß und Sie müssen fast gar nichts an Ihrem Leben verändern. Stattdessen haben Sie mit kleinen Zwischenergebnissen jeden Monat etwas zu feiern.

FRAGE: Haben Sie Ihr Ziel, Ihren eigenen Weg zu gehen und Ihre eigenen Spuren zu hinterlassen, fest in Ihren Gedanken verankert und brennen Sie dafür?

Bei einem JA sage ich „Auf geht's!" zum nächsten Baustein. Bei einem NEIN beschäftigen Sie sich nochmal mit Ihrem Ziel, mit Ihrem Wunsch. Dieser ist für Sie in diesem Fall noch nicht der Richtige. Bei einem Nein sind Sie mit dem Herzen noch nicht mit Ihrem Ziel im Einklang. Sie leben und brennen noch nicht, Ihre Leidenschaft ist noch nicht entfacht. In diesem Fall bleibt Ihnen nichts anderes übrig als wieder zum Purpose, zum Ziel, Sinn und Zweck zurückzukehren und neu zu beginnen.

Zum Thema Optimismus und Motivation möchte ich noch ein kleines Spielchen mit Ihnen machen. Lesen Sie bitte dreimal ganz schnell folgendes Wort:

OPPORTUNITYISNOWHERE
OPPORTUNITYISNOWHERE
OPPORTUNITYISNOWHERE

Was haben Sie gelesen? Dieses Wort hat zwei Bedeutungen, je nach dem aus welcher Perspektive Sie es gelesen haben. Für einige Menschen von Ihnen kann es bedeuten: „Opportunity is no where", also „Es gibt keine Gelegenheit". Diese Menschen haben noch einen weiten Weg vor sich. Vielleicht haben Sie aber auch gelesen: „Opportunity is now here", frei übersetzt mit: „Hier ist die Gelegenheit"?

Sie sehen, wie einfach es ist, zwischen positiven und negativen Gedanken zu wechseln. Optimisten und Menschen, die ihren eigenen Weg gehen und zur Persönlichkeit werden oder schon geworden sind, sehen überall Chancen und Gelegenheiten.

Optimist zu sein, seinen eigenen Weg gehen, Mut haben, anders sein, zur Marke ICH werden – hierbei fällt mir spontan Wilma Elles ein. In Deutschland nahezu unbekannt, in der Türkei und im mittleren Osten ein Megastar. Die gebürtige Kölnerin studierte Politologie, Islamwissenschaften sowie Theater-, Film- und Fernsehwissenschaften. Mit ihrer Rolle der Caroline in der Serie „Öyle bir geçer zaman ki" (auf Deutsch: „Wie die Zeit vergeht"), die in über 70 Ländern ausgestrahlt wird, stieg sie zu Starruhm auf. Als Wilma nach Istanbul ging, konnte sie kein Wort Türkisch. Sie lernte die gesamte Rolle dem Klang nach auswendig.

Ich lernte Wilma vor gut einem Jahr auf einer Charity Gala in Wilhelmshaven kennen, wo sie die Schirmherrschaft übernommen hatte. Trotz ihres Ruhms, ihrer Bekanntheit traf ich eine Frau, die sehr zielstrebig und weltoffen ist, die aber auch ein sehr großes Herz hat und vor allem auf dem Boden geblieben ist.

Was hat Wilma mit „Gehe deinen eigenen Weg, werde zur Marke ICH" zu tun? Vieles. Es gibt zahlreiche talentierte Schauspielerinnen, die eine große Karriere anstreben, doch den wenigsten gelingt es wirklich. Auch darum, weil es ein Überangebot an talentierten Menschen in der Schauspielszene gibt. Wilma Elles hat das getan, was ich vielen meinen Klienten empfehle und wovon dieses Buch handelt: Anders sein und somit den Mut und den Biss haben, seinen eigenen Weg zu gehen. Während fast ausschließlich alle Schauspieler sich nach Westen, nach Amerika zu den großen Filmstudios orientieren, tat Wilma genau das Gegenteil. Sie orientierte sich nach Osten und wurde zum Megastar.

Auf die Frage, welchen Tipp sie anderen Menschen geben würde, um erfolgreich zu sein, antwortete sie:

Denkt immer positiv und malt euch eure Wünsche und Pläne in den tollsten Farben und so detailliert wie möglich aus. Betrachtet diesen Wunsch als schon vollendet an und dankt sogar für seine perfekte Vollendung! Das ist das Geheimnis! Wenn man es schafft, seine Gedanken so positiv zu konzentrieren, kommen einem die besten Ideen, man begegnet Menschen, die Schlüssel für einen parat halten, man sieht plötzlich, welche glücklichen Gelegenheiten sich einem bieten, um an sein Ziel zu kommen. Vertraut eurem Wunsch, dass dieser eine Berechtigung hat! Denn schließlich habt ihr euch diesen Wunsch ja nicht frei ausgesucht. Er kam einfach zu euch und nistete sich in eurem Herzen ein. Es hätte genauso gut ja auch ein völlig anderer Wunsch sein können. Wenn ihr euren Herzenswunsch annehmt, werdet ihr sehen, wie einfach alles plötzlich von der Hand geht. Ihr werdet viel bessere und schnellere Ergebnisse erzielen, als wenn ihr an etwas arbeiten würdet, was nicht in eurem Sinne ist. Außerdem wird euch dieser Traum immer verfolgen. Und besser, ihr macht euch gleich an die Arbeit! Viel Spaß auf dem Weg dorthin! Ich habe auch noch so viele Träume. Ich hoffe, wir begegnen uns mal! – Wilma Elles

Ihre Chance, Ihre Gelegenheit

Opportunity – Setzen Sie sich einfach einmal hin und sprechen das Wort mehrfach aus, lassen es wirken. Wie fühlt sich das an? Für mich klingt es weich, offen, einladend. Einladend in das Leben und die eigenen Gestaltungsmöglichkeiten. Einladend wie eine große, weiße Leinwand, die jetzt, in diesem Moment, vor Ihnen steht. Sie blicken sich in diesem Raum um, haben Pinsel und Farbpalette neben sich stehen. Und genau jetzt die Möglichkeit, Ihr Leben neu zu entwerfen, bildlich darzustellen. Was werden Sie tun, wenn Sie vor Ihrer eigenen Lebensleinwand stehen? Tauchen Sie den Pinsel gezielt in Ihre Lieblingsfarben und malen drauf los? Nehmen Sie einen kleinen Farbkübel und spritzen die Leinwand fröhlich voll? Wilde Kleckse? Oder greifen Sie zu Bleistift und Lineal, skizzieren vor, nehmen den Radiergummi und ändern immer wieder, bevor Sie tatkräftig loslegen, ein Feuerwerk von Farbe auf die Leinwand zu bringen.

Für einige von Ihnen mag das sogar befremdlich vorkommen. Eine weiße Wand, unzählig viele, bunte Farben. Das kann auch beängstigen, besonders dann, wenn man jahrelang immer gesagt bekommen hat, was man denken und tun soll, sich dabei Stück für Stück immer weiter von sich selbst entfernt hat und nur noch funktioniert. Ja, das kann auch passieren. Dann sitzt man vielleicht vor dieser Leinwand und denkt sich: „Was soll ich nur tun?" Es ist ja auch keiner da, der einem jetzt sagt, was man malen oder zeichnen soll, welche Farbe man zu benutzen hat. Ein seltsames Gefühl. Ja, das kenne ich auch. Da funktioniert man über viele Jahre und plötzlich soll man von diesem Fremdmodus wieder in den Eigenmodus schalten. Und dann noch zum Thema Möglichkeiten. Nehmen Sie sich dafür Ihre Zeit. Wenn Sie jetzt kein Schnellsprinter sind, setzen Sie sich entspannt hin, in einen gemütlichen Stuhl, schauen sich diese Leinwand an, mit ihren Möglichkeiten. Konfrontieren Sie sich mit sich selbst, Ihrem Leben, Ihren Gedanken, Ihrem Ziel, Ihren Möglichkeiten. Sie haben es sprichwörtlich selbst in der Hand. Wann Sie aufstehen, welchen Pinsel Sie nehmen, zu welcher Farbe Sie greifen, in welchem Tempo Sie malen. Wichtig ist, dass Sie den Mut haben, aufzustehen, sich aufzurichten, mit einem gewollten, gezielten Gang, der Lebensfreude in Ihrem Herzen zu Ihrer Lebensleinwand gehen und anfangen zu zeichnen. Die Leidenschaft in sich spüren, kreativ in Ihren Gedanken zu sein, die Möglichkeiten zu nutzen. Irgendwann, an einem bestimmten Punkt, treten Sie dann von Ihrer Leinwand zurück, betrachten Ihr Lebenskunstwerk und sind total stolz auf sich, neue Perspektiven eingenommen und in die Tat umgesetzt zu haben. Alles, was Sie haben, Ihr Wissen, Ihre Kenntnisse, Ihre Erfahrungen, Ihre Lebensfreude, Ihre Energie sind in Ihnen, nutzen Sie Ihre Möglichkeiten! So manch einer wird erstaunt sein, was TAT-sächlich in Ihnen steckt und was Sie selbst leisten können!

PERFORMER

RESPECT

Respektiere die Meinung und Sichtweisen anderer, auch wenn du anderer Ansicht bist

Echte Bergsteiger erkennt man, im Gegensatz zu dem Halbschuh- und Sanda-len-Freizeitwanderer, am respektvollen Umgang mit sich, dem Berg, der Natur und dem nachfolgenden Bergsteiger. In der Anleitung für den umweltbewuss-ten Bergwanderer stand noch im Jahr 1960 folgende Empfehlung: „Der or-dentliche Bergsteiger vergräbt seinen Müll tief. Glas zerstößt er zu kleinen Scherben. Und Blechdosen tritt er erst platt und versteckt sie dann unter Stei-nen!« Wäre diese Anleitung heute noch gültig, würden Naturschützer hyper-ventilieren. Leider landet immer wieder Müll zwischen Felsen oder einfach nur auf Bergwiesen. Oberhalb der Baumgrenze, wo es nachts besonders kalt ist und die Humusschicht oft fehlt, zersetzt sich Müll sehr langsam. Die Zersetzung einer Aludose würde Hunderte, einer Glasflasche sogar Tausende Jahre dauern. Selbst ein Zigarettenstummel, der sich zwar schon nach ein paar Jahren aufge-löst ist, hat leider Potenzial, bis zu 50 Liter Grundwasser zu vergiften. Am höchsten Berg der Welt sollen nach Schätzungen alleine bis zu 50 Tonnen Müll herumliegen. Heute lautet die Devise, mindestens bei den erfahrenen Bergstei-gern: „Was du auf dem Gipfel rauf bringst, das nehme auch wieder mit runter."

Die Hauptursache bzw. -begründung, warum Wanderer ihren Abfall nicht wieder einpacken, ist laut Aussage von Willi Seifert vom Naturpark Zil-lertal, dass diese ihren Rucksack nicht dreckig machen wollen. Nun deshalb nenne ich diese Fraktion auch „Halbschuh- und Sandalen-Freizeitwanderer". Ein Bergsteiger muss jederzeit damit rechnen, dreckig zu werden. Selbst als Kind, als ich im Wald spielte, auf Bäume kletterte, Staudämme am Bach baute, in Höhlen kroch, kam ich nie sauber nachhause. Dreck und Schmutz waren für uns natürlich, es gehörte zum Leben dazu, es war eine Lernerfah-rung. Zu Hause angekommen, was passierte? Wir wurden in die Badewanne gesteckt und von den Eltern abgeschrubbt. Ohne Desinfektionsmittel, einfa-che Seife reichte.

TIPP: RESPEKTIEREN SIE SICH UND IHRE UMWELT

Sie folgen Ihrem Herzensweg und möchten nachhaltig positive Spuren hinterlassen. Stellen Sie daher sicher, dass Ihre Spuren nicht von Müll, Dreck und Abfall bedeckt sind. Sonst hat niemand Interesse Ihrer Spur zu folgen und Sie werden Ihrer Nachwelt, wenn überhaupt nur negativ in Erinnerung bleiben. Sehen Sie zudem Müll nicht nur rein physisch. Viel zu oft hinterlassen wir auch psychischen Müll.

Respektvoller Umgang bezieht sich nicht nur auf den Berg oder die Natur, sondern auch auf die Menschen um Sie herum. Ehepartner, Kinder, Arbeitskollegen, Chefs, Angestellte, Freunde und Fremde sollten mit Respekt behandelt werden. Respekt heißt nicht automatisch Kuschelkurs, ernste Worte dürfen und müssen fallen. Doch achten Sie darauf, dass Sie niemanden in seiner Ehre oder seiner Menschlichkeit verletzen.

Im Sommer 2001 saß ich mit meinem damaligen Arbeitskollegen Paul (Name geändert) im Frankfurter Büro des US-Konzerns zu einem Strategie-Meeting zusammen. Paul war für einen großen Kunden im Verkauf zuständig. Wir überlegten gemeinsam, wie wir das Kundenpotenzial ausbauen und profitabler gestalten konnten. Sein Telefon klingelte. Er nahm ab, hörte zu, wurde kreidebleich und legte ohne Worte wieder auf. Diese ganze Aktion – Hörer abnehmen, zuhören, bleichwerden, auflegen – dauerte keine 30 Sekunden. Gerade war er von seinem Chef telefonisch, nach zwölf Jahren Betriebszugehörigkeit gekündigt. Was für ein Schock.

Das war und ist für mich bis heute ein respektloser Umgang mit Mitarbeitern. Ich bin nicht gegen Kündigungen oder eines „sich Trennens", denn auch ich hatte in meiner Zeit als Vorgesetzter unzählige Kündigungen auszusprechen. Mir geht es um die Art und Weise der Kündigung. Als ich einmal im Rahmen einer Umorganisierung und Neuausrichtung gut die Hälfte einer Abteilung entlassen musste, ging es mir wochenlang vorher extrem schlecht. Ich konnte nachts nicht schlafen, da mir jeder einzelne Mitarbeiter als Mensch am Herzen lag. Hinter jedem Menschen verbarg sich eine Geschichte, eine Existenz. Über das Telefon, ohne dem Mitarbeiter in die Augen zu sehen, geht für mich gar nicht und zeugt für mich von Feigheit und Respektlosigkeit des Vorgesetzten.

Als ich einmal interimistisch für einen großen Beratungsdienstleister tätig war, brachten mir die Angestellten große Skepsis entgegen, beinahe schon Angst. Meine Aufgabe war es, den Vertrieb dieser Firma auf die neuen Anforderungen im digitalen Zeitalter strategisch auszurichten. Als neues, wenn auch nur temporäres Mitglied der Geschäftsleitung, spürte ich extreme Vorsicht und mangelnde Mitteilungskompetenz bei den Mitarbeitern meiner Funktion gegenüber. Doch es gelang mir in vielen Fällen, das Vertrauen zu den Angestellten aufzubauen. Die Ergebnisse verbesserten sich. Als die Neuausrichtung abgeschlossen war und ich die Firma wieder verließ, bekam ich von vielen dieser Mitarbeiter private E-Mails. Sie bedankten sich für die Offenheit und Ehrlichkeit, die sie durch meine Person erfahren hatten. Nun erfuhr ich auch den Grund, warum mir diese Angestellten via persönlicher, privater E-Mail dankten. Die Firmen-E-Mails wurden vom Geschäftsführer mitgelesen. Das ist nicht nur respektlos, sondern ein wesentlicher Eingriff in die Privatsphäre der Angestellten. Ab dem Zeitpunkt wunderte es mich auch nicht mehr, dass diese Firma eine Fluktuationsrate von 27 Prozent hatte.

Das ist ein weiterer Grund, warum ich mich mit humaner Führungsintelligenz beschäftige. Mitarbeiter fangen bei Unternehmen aufgrund der Marke, des Produkts oder des Standorts an, sie verlassen aber das Unternehmen aufgrund schwacher Vorgesetzter. Für Aufsehen sorgt jährlich die Gallup-Studie. Die Studienergebnisse haben sich seit Jahren nur unwesentlich verändert. So steht in der Gallup-Studie aus dem Jahr 2017: „Hätten Firmen gute Führungskräfte, würden deutsche Unternehmen 105 Milliarden Euro mehr Umsatz im Jahr machen. Stattdessen leisten sich Unternehmen mit 70 Prozent eine große Mehrheit von Mitarbeitern, die schweigen und Dienst nach Vorschrift absolvieren, statt Einsatzfreude an den Tag zu legen." Der Gallup Engagement-Index ist Deutschlands renommierteste und umfangreichste Studie zur Arbeitsplatzqualität.

TIPP: ARBEITEN SIE AM ERFOLG ANDERER

Arbeiten Sie als Führungskraft nie für Ihren eigenen Erfolg, arbeiten Sie ausschließlich für den Erfolg Ihrer Mitarbeiter. Das kann man auch in der Familie oder bei Freunden umsetzen. Arbeiten Sie daran, dass Ihr Partner, Kinder oder Freunde Sie respektieren und lieben. Ihr Wohlbefinden kommt dann von alleine.

Begleiten Sie Ihre Mitarbeiter auf ihrem Erfolgsweg. Seien Sie Vorbild und helfen Sie ihnen, ihren Weg zu gehen. Empowern Sie Ihre Mitarbeiter, geben Sie ihnen genügend Freiraum, dass diese im geeigneten Moment ihren eigenen Weg gehen können, um ihrer eigenen Spur zu folgen.

Neben der Natur und den Umgang mit Menschen gibt es noch eine dritte Respektsebene, den respektvollen Umgang mit sich selbst. Ich habe zu viele Menschen erlebt, mich selbst eingeschlossen, die respektlos mit ihrem Körper und Geist umgegangen sind. Diese haben förmlich Raubbau mit ihrem „Ich" betrieben. Es ist somit kein Wunder, dass diese Menschen nicht gesehen und auch nicht wahrgenommen werden. Sie sind keine Marke „Ich", haben keine Ausstrahlung und ziehen somit niemanden an. Diese Menschen werden keine eigenen Spuren hinterlassen, sondern immer anderen aus Bequemlichkeit folgen.

FRAGE: Gehen Sie respektvoll mit sich selbst, mit anderen Menschen und mit der Natur um?

Ist Ihre Antwort JA, sind Sie bereits erfolgreich einen weiteren Schritt auf Ihrem Weg gegangen. Respekt kommt von Herzen und Ihr Herz bestimmt Ihr Leben.

Dein Herz bestimmt dein Leben.
PETER BUCHENAU

Bei einem NEIN rate ich Ihnen, mehr auf Ihr Herz zu hören. Ich selbst habe lange nicht auf mein Herz gehört, habe meinem Herzen nicht den nötigen Respekt gegönnt. Ein plötzlich beschleunigter Puls und starkes und unregelmäßiges Herzstolpern, ein Aussetzer nach dem anderen – alles Anzeichen, die bis in den Hals hinauf spürbar sind. Die Atmung wird schwerer. Jede Treppenstufe wird zur körperlichen Qual. Bei Herzstolpern durch Stress sind häufig viele dieser Aussetzer aneinandergereiht, sodass der oder die Betroffene einen deutlich unregelmäßigen Herzschlag wahrnimmt. Ich musste mehrere Herzoperationen über mich ergehen lassen, bevor ich anfing, respektvoll mit meinem Körper umzugehen.

TIPP: HÖREN SIE AUF IHR HERZ

Gehen Sie respektvoll mit Ihren Herzen um. Hört es auf zu schlagen, haben Sie alles verloren.

Respekt kommt von Herzen und Ihr Herz bestimmt Ihr Leben. Wie wahr! Bei dieser Gelegenheit darf man sich allerdings auch die Frage stellen: Habe ich auch im alltäglichen Leben Respekt vor mir und auch anderen gegenüber? Das ist manchmal gar nicht so einfach – oder etwa doch? Ja, es ist einfach, wenn man mit sich im Reinen ist. Doch im Herzen, mit sich im Reinen sein plus das passende Verhalten dazu, können auch konträr sein, wie das nachfolgende Beispiel zeigt.

Neulich war ich bei einem Seminar. Neben mir saß ein Mann mittleren Alters, er hatte vier abgeschlossene Studiengänge und war auf der Suche nach Arbeit. Er war sehr eloquent, etwas christlich angehaucht und hatte eine ordentliche Portion Humor in Bezug auf andere Menschen. Die Gruppe fand sich in kurzer Zeit während dieser Fortbildung sehr gut zusammen. Das ist meist so, da alle gemeinsam ein- und dasselbe Ziel haben, nämlich erfolgreich die Tage miteinander zu meistern, Wissen aufzufrischen, neue Ansichten und Handlungsweisen zu gewinnen. Wie es bei diesen Seminaren auch so üblich ist, ging eine Adressliste durch die Gruppe. Alle trugen sich ein. Der Vater des Gedanken war, dass die Teilnehmer die Möglichkeit haben, während des Kurses Kontakt zu halten, sich fachlich über die Themen, auch im Nachgang zum Seminar, auszutauschen. Als die Liste anschließend ausgeteilt wurde, war dieser Mann jedoch sehr verärgert, denn er wollte nicht, dass man seine Adresse bekam und mit ihm Kontakt aufnahm. Er verließ wutentbrannt, völlig energiegeladen, den Unterricht, stürmte in das Sekretariat, wo er die Assistentin zusammenbrüllte und sofort mit dem Rechtsanwalt drohte. Sein Toben war bis in den Seminarraum zu hören. Nach seiner Rückkehr zerriss er die Adressliste und warf diese demonstrativ in den Papierkorb. Wir übrigen Teilnehmen als auch unser Dozent waren völlig perplex von diesem Ausbruch und konnten kaum glauben, was da passiert war.

Wir alle wissen: Datenschutz hat Vorrang. Möglicherweise war diesem Herrn nicht klar, dass seine Daten im Anschluss an alle weitergegeben werden würden und man hätte sich vorher noch einmal absichern müssen, ob er auf dieser Liste namentlich stehen möchte. Doch rechtfertigte das keineswegs den vollkommen überzogenen und unangemessenen Wutausbruch. Zwar hatte er seinen Willen durchgesetzt und Grenzen aufgezeigt, doch bei allen Beteiligten war er derart unangenehm aufgefallen und entsprechend „unten durch". Nicht, weil er Recht hatte, sondern weil er sich aggressiv und vor allem respektlos benommen hatte. Das hatte zur Folge, dass der Rest des Teams auf Abstand zu ihm ging, da niemand sein Verhalten nachvollziehen konnte. Das Endergebnis dieser Geschichte ist, dass der Institutsleiter sich bei allen entschuldigte, es eine neue Liste gab, ohne seine Kontaktdaten.

Ich habe über diesen Sachverhalt lange nachgedacht. Auf der einen Seite war es gut, dass der Teilnehmer klar seine Wünsche geäußert und dadurch seine Grenzen aufgezeigt hat. Doch über allem Durchsetzungswillen steht das Prinzip „Ursache und Wirkung": Die Wirkung ist, dass er sich von der Gruppe entfernt hat. Die Entscheidung hat er für sich selbst getroffen. Warum er letztlich so emotional reagierte, hat bis heute keiner von uns nachvollziehen können. Doch solange er mit sich, seiner Entscheidung und seinem Herzen im Reinen ist, braucht man das auch nicht zu verstehen, sondern nur respektvoll anzunehmen.

Schließlich können wir häufiger die eine oder andere Entscheidung nicht verstehen. Doch darum geht es auch überhaupt nicht, wir müssen nichts verstehen, wir brauchen es lediglich zu akzeptieren. Und das ist etwas, was sehr schwer sein kann. Der Verstand will immer alles wissen, es nachvollziehen. Wir wollen immer Erklärungen, Begründungen und im schlimmsten Fall wird, falls wir doch etwas zu hören bekommen, viel verdiskutiert, um selbst Wahrnehmung im Außen zu bekommen. Doch ändert das etwas an der Tatsache, dem Endergebnis? Nein, eben nicht! Wir können hier gut auf uns selbst, unser Herz achten, indem wir manche Situationen oder Verhaltensweisen akzeptieren und uns auf uns selbst besinnen. Wenn wir immer auf andere sehen, auf andere achten, andere bewerten, haben wir für uns selbst keinen Herzensraum, weil die Energie ständig bei anderen ist.

Deshalb mein Rat an Sie: Verurteilen Sie nicht gleich, wenn andere Menschen etwas tun, sondern schlafen Sie eine Nacht darüber. Spüren Sie in sich hinein und hören auf Ihr Herz, wie es schlägt, im gleichen, kraftvollen Rhythmus. Wie fühlt es sich an? Lassen Sie daher Ärger los, der nicht zu Ihnen gehört und achten Sie gut auf sich selbst.

P
E
R
F
O
R
M
E
R

MAGNETISM

Wirken Sie wie ein Magnet und ziehen Sie Menschen an!

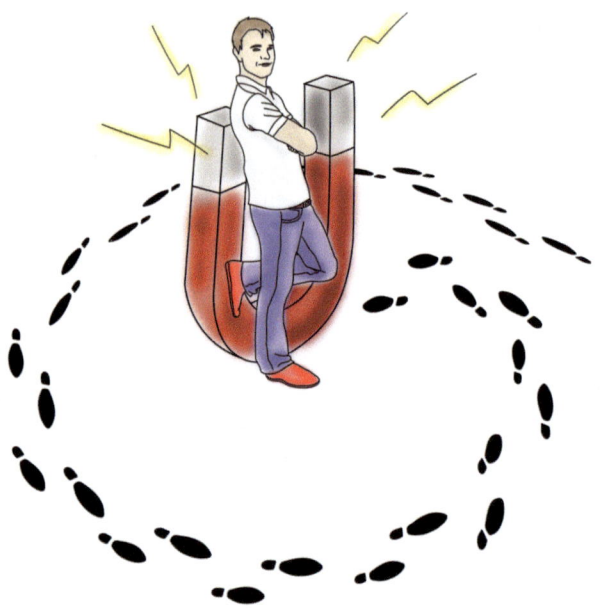

Wir alle kennen die Wirkung eines Magneten: Gegensätzliche Seiten ziehen sich an, gleich gepolte Seiten stoßen sich ab. So gehören auch in der Natur und beim Menschen Anziehungskraft und Ausstrahlungskraft immer zusammen. Obwohl es unzählige Berge gibt, ziehen bestimmte Exemplare Bergsteiger regelrecht magisch an, etwa das Matterhorn oder der K2. Andere Berge werden kaum bestiegen. Was bei diesen Bergen Ausstrahlung erzeugt, erzeugt bei uns Menschen eine Wirkung. Diese kann positiv, neutral oder auch negativ sein.

Auch im zwischenmenschlichen Bereich ist das Wechselspiel von Anziehung und Ablehnung tagtäglich zu erleben. Zu manchen Menschen fühlen Sie sich hingezogen, andere Menschen finden Sie abstoßend, manche Menschen können Sie riechen, andere nicht. Wie ist es oder war es bei der Partnersuche? Welchen Typ Mensch finden oder fanden Sie anziehend?

Erinnern Sie sich an Ihre letzte Einladung zurück, zu einer Party, Vernissage, Firmenfeier oder einfach einer Familienfeier, und stellen Sie sich vor, Sie hätten sich etwas verspätet. Wenn Sie den Raum betreten: Nimmt man Sie genau in diesem Moment wahr oder geht das Geschehen im Raum weiter, ohne dass man Sie wirklich bemerkt?

Anziehung bedeutet in der Psychologie eine von einem Menschen ausgehende psychische Kraft. Diese Kraft Ihrer Ausstrahlung ist einer der Schlüsselfaktoren in Ihrer Persönlichkeitsentwicklung hin zur Marke ICH. Werden Sie nicht wahrgenommen, betrachtet man Sie nicht, wirken Sie auch nicht. Wirken können Sie aber nur in der Gegenwart, also im Hier und Jetzt.

Ob wir einen Menschen anziehend finden, entscheidet in erster Linie das äußere Erscheinungsbild des anderen – es ist der erste Eindruck, den wir von einem Menschen bekommen. Erinnern Sie sich kurz an die Geschichte, in der eine Gruppe geselliger Damen in einer Bar in Prosecco-Laune einem gut aussehenden, gut trainierten Mann in auffälliger, moderner Kleidung gewahr wird. Wäre dieser Mann allerdings unscheinbar, mit normaler Figur und hätte er in etwa die Kleidung an, wie die restlichen Männer in der Bar, wäre er ihnen nicht aufgefallen. Wäre er aber extrem hässlich, übermäßig groß oder extrem übergewichtig, wäre er sicherlich auch aufgefallen. Kurzum, wir nehmen mit unserem Auge wahr, was anders ist. Egal, ob gut oder schlecht, ob positiv oder negativ, wer weiß das schon?

Doch zurück zu dem Mann, der die Aufmerksamkeit der Damen erregt hatte. Zunächst gab nur das Auge ihnen den ersten Impuls „Achtung andersartiger Mann". Zu diesem Zeitpunkt kennen Sie aber nur sein Äußeres, haben keine Ahnung, wie er riecht, geschweige denn wie er spricht oder welchen Beruf er hat. Natürlich können Sie auch den Erstkontakt über Ihre Nase oder Ihre Ohren erhalten. So rieche ich zum Beispiel unter allen Parfüms ein ganz bestimmtes heraus, weil eine Dame, die vor Jahren dieses Parfüm getragen hatte, mir damals den Kopf verdrehte. Auch sehr gute Callcenter arbeiten mit diesem Trick der Anziehung. Es gibt Menschen mit einer erotischen

Stimme, denen es damit gelingt, uns am Telefon zu bezirzen. Unsere Sinne entscheiden demnach, was wir anstoßend oder abstoßend finden.

Wirkende Menschen sind von einer andersartigen Aura umgeben. Wirkung kann man sich aber nicht antrainieren oder gar kaufen, Wirkung ist ein Prozess, der von innen heraus entsteht. So verkündete Aristoteles einst den Sinnspruch: „Die eigene Schönheit ist eine größere Empfehlung als jedes Empfehlungsschreiben." Damit meinte Aristoteles bestimmt nicht nur die äußere Schönheit. Dass diese hilfreich ist, wissen wir. Doch wie können wir an unserer inneren Marke ICH arbeiten?

TIPP: GEHEN SIE AUFRECHT

Arbeiten Sie an Ihrer Selbstsicherheit. Selbstsicherheit wird unter anderem durch die Körperhaltung und Kleidung beeinflusst.

Sie sind bestimmt schon einmal an einem einkaufsstarken Samstag durch eine Fußgängerzone gelaufen. In der Fußgängerzone begegnen Sie zwei Charakteren von Menschen. Einige Fußgänger weichen permanent anderen Menschen aus, andere Passanten laufen geradewegs und unbeirrt durch die Massen.

FRAGE: Gehören Sie zu den Menschen, die zielstrebig in der Fußgänger-zone geradeaus laufen, und andere Menschen Ihnen Platz, also Raum schenken?

Ist Ihre Antwort JA, besitzen Sie bereits eine starke Ausstrahlungskraft. Bei einem NEIN strecken Sie aufrecht Ihren Körper. Atmen Sie tief in die Brust ein, damit wirkt Ihre Brust breiter und ziehen Sie leicht Ihre Schultern zurück. Den Kopf bitte gerade halten, nicht auf den Boden schauen. Ihre Füße finden den Weg auch alleine. Viel Spaß in der nächsten Fußgängerzone. Sie werden den Unterschied sofort feststellen.

Auch wirkt ein auffälliges Kleidungsstück. Im Frühjahr war ich als Gast und Künstler bei der Maritimen Sommergala in Wilhelmshaven eingeladen. Der Erlös der Veranstaltung kam der Stiftung Bildung „Egitim" zugute. Eine Gala bedeutet für einen Mann immer Smoking und Fliege, natürlich in

Schwarz und das Hemd in Weiß. Mein Markenzeichen sind aber meine roten Schuhe. Ich trage zu Auftritten immer rote Schuhe und so auch zu dieser Gala – natürlich mit passender roter Fliege. An diesem Abend bekam ich wohl das schönste Kompliment, das ein Mann von einem anderen Mann bekommen konnte. Dieser Mann sagte: „Eigentlich dachte ich, ich bin der Star auf dieser Gala, aber als ich dich in deinen roten Lackschuhen gesehen habe, wusste ich, ich habe verloren!" Das nennt man wohl Wirkung.

TIPP: MACHEN SIE SICH IHRE STÄRKEN UND SCHWÄCHEN BEWUSST

Menschen mit Anziehungskraft kennen ihre eigenen Stärken und Schwächen. Schreiben Sie diese doch einfach einmal für sich auf. Bitten Sie danach gute Freunde um Rat. Sie erinnern sich, diese Übung hatten wir in etwas abgeänderter Form schon mal. Aber üben schadet nie, im Gegenteil, bekanntermaßen macht Übung den Meister. Schließlich wollen Sie in dem, was Sie tun, Profi werden und damit Ihre eigenen Spuren hinterlassen.

Sagen Sie, Sie absolvieren ein persönliches Experiment und benötigen deren Hilfe. Ihre Freunde sollen Sie einschätzen, was aus deren Sicht Ihre Stärken und Schwächen hinsichtlich Ihrer Ausstrahlung sind, und zwar ehrlich und aufrichtig. Das kann anonym erfolgen, damit niemand sein Gesicht verliert. Wahrheit kann ab und zu ziemlich wehtun. Anschließend vergleichen Sie Ihre Eigenwahrnehmung mit der Fremdwahrnehmung Ihrer Freunde. Bedanken Sie sich aufrichtig für deren Ehrlichkeit, auch wenn Sie eventuell die eine oder andere Stärke oder Schwäche überrascht.

Schwächen gehören übrigens zu jedem Menschen, es gibt keinen Menschen auf der Welt, der nur positive Signale ausstrahlt. Es gibt immer jemand, der etwas anderes fühlt und wahrnimmt. Anziehungskraft muss nicht immer positiv sein. Erinnern wir uns nur an Adolf Hitler, der eine enorme Ausstrahlung hatte und eine noch höhere Anziehungskraft auf andere ausübte – die Wirkung war verheerend.

Sind Sie sich jetzt Ihrer Stärken und Schwächen bewusst? Prima, dann können wir daran arbeiten. Sie haben jetzt ein Ziel. Sie wollen Ihren Weg gehen und Spuren hinterlassen. Stellen Sie sich die Frage: Welche meiner Stärken und Schwächen sind meinem Ziel nützlich, welche hinderlich und woran muss ich an mir arbeiten, um meine Persönlichkeit, meine Marke ICH, weiter zu festigen?

Verankern Sie Ihre Stärken und Schwächen in Ihrem Bewusstsein, akzeptieren Sie diese. Sie machen Sie aus, das sind Sie, ohne Wenn und Aber. Sie wirken somit authentisch und spielen keine Rolle. Überlassen Sie das Rollenspiel ausgebildeten Schauspielern. Ihre Umwelt liebt Sie so, wie Sie von innen heraus wirken, nicht das, was Sie nach außen verkörpern.

Oft kommen Menschen zu mir ins Coaching mit der vermeintlichen Schwäche, kein Buch schreiben oder keine Rede halten zu können. Ich wende dann einen kleinen Trick an. Ich lasse mir von diesen Menschen erzählen, was Sie besonders gerne tun, zum Beispiel Einkaufen gehen, gut und gerne Kochen, hingabevoll Pilze sammeln oder Bienen züchten usw. Egal, was es ist, es ist die Liebe und Leidenschaft dieser Menschen für ein besonderes Thema, das ihnen leichtfällt und Freude macht. Nach 30 Minuten unterbreche ich diese Menschen und zeige ihnen auf, was sie gerade geleistet haben, nämlich aus dem Herzen heraus 30 Minuten zu ihrem Lieblingsthema gesprochen, ohne Manuskript, ohne Powerpoint-Präsentation, ohne Spickzettel. So einfach geht Reden halten, wenn es von Herzen kommt.

Und ich darf mich wiederholen, weil ich es hier für sehr angebracht halte: *Tue das, was du von Herzen kannst, und nicht das, was du im Kopf gelernt hast.*

Menschen mit Ausstrahlung akzeptieren und lieben sich selbst. Sie bejahen das Leben und freuen sich. Sie haben oft ein Lächeln auf den Lippen und wer ein Lächeln aussendet, bekommt in der Regel ein Lächeln zurück. Sollten Sie sich aus irgendwelchen Gründen nicht selbst lieben, strahlen Sie das aus. Das spürt Ihr Umfeld und man wird Sie dann ebenfalls nicht lieben. Vereinsamung kann drohen. Auch wenn Sie zu den Glücklichen gehören und extrem vermögend sind, müssen Sie sich selbst lieben. Wenn nicht, liebt Ihr Umfeld ausschließlich Ihr Geld.

Die eigene Ausstrahlung und somit Ihre Anziehungskraft sind sehr wertvolle Gaben Ihrer Persönlichkeit. Diese machen Sie in der Außendarstellung zur Marke ICH. Dadurch werden Sie unverwechselbar und weiter bestärkt, Ihren eigenen Weg zu gehen, um Spuren zu hinterlassen.

Überrascht? Von sich selbst? Von Ihrer Ausstrahlungskraft? Ja, das kann passieren! Genau dann, wenn man manchmal völlig in sich ruht, der Verstand für eine kurze Zeit im Standby-Modus ist und dadurch die Ausstrahlung zunimmt. Wir haben jetzt schon viel in unserem Buch erzählt, Sie haben die eine oder andere reale Geschichte von mir gelesen. Und ich muss schmunzeln, denn unser Leben ist so vielfältig und bunt, wenn man mit bewusstem und offenem Blick durch das Leben geht.

So erzählte mir neulich eine gute Freundin, dass sie bei einer Behörde war und dort spontan einen tollen, eloquenten Mann kennenlernte. Normalerweise liebt sie es leger, weiße Bluse, Jeanshose, offene Haare oder Pferdeschwanz. An diesem Tag jedoch war ihr einfach danach, sich in ein schönes, sportliches Kleid zu werfen, machte ihren Termin in der Behörde, der Termin lief super gut und mit diesem inneren Gefühl des Erfolgs und vielen Ideen, verließ sie überglücklich, lächelnd das Gebäude. Sie strahlte von Innen. Ein Mann stand vor ihr am Ausgang, der von ihrer Art und ihrem Lächeln so begeistert war, dass er sie direkt ansprach und zu ihr sagte: „Sie haben ein so wunderschönes Lächeln, wie kommt das?" Sie konnte es nicht wirklich erklären, weil es einfach so ein Gefühl in ihr war. Doch durch ihr Wesen, ihre Energie, zog sie an diesem Tag viele Personen in den Bann, so auch den Mann, der sie angesprochen hatte. Die beiden hatten einen spontanen, sehr guten Austausch und allein deshalb, weil sie an dem Tag einfach sie selbst war. Es gab einfach kein zu großes Nachdenken über das Aussehen oder Verhalten. Sie war authentisch und zeigte ihr inneres, wahres ICH.

So einfach kann es manchmal sein, doch wenn der Verstand wieder einsetzt, denkt man zu viel nach. Fangen Sie daher mit kleinen Schritten an. Trauen Sie sich zum Beispiel an einem Freitag in Ihrer Firma locker leger gekleidet zu sein, sofern dies nicht komplett untersagt ist. Kaufen Sie sportliche Hemden, die am Ärmel mit einem anderen Stoff versehen sind. Seien Sie fröhlich, wenn Ihnen danach ist. Lächeln Sie! Sie können täglich mit sich selbst üben, indem Sie sich selbst einmal beobachten. Stehen Sie in der Besprechung schon wieder nur auf einem Bein, statt fest mit beiden Beinen im Leben? Legen Sie ruhig einmal auch Ihre Arme bei einem Meeting auf den Tisch, nehmen Raum ein, statt auf der Kante des Stuhls zu sitzen oder sich nach hinten zu legen. Zeigen Sie, dass Sie da sind. Mit Ihrem Wesen, Ihrer Lebensfreude, Ihren Ideen. Nehmen Sie Raum ein mit Ihrem ICH. Da kann und darf es schon ein wenig kreativ zugehen.

PERFORMER

ENERGY

Bewegen Sie sich regelmäßig, bauen Sie innere Kraft auf und achten Sie auf Ihre Gesundheit!

Dass Stillstand den Tod bedeutet, habe ich Ihnen schon vermittelt. Dass Bewegung die Grundvoraussetzung ist, um Spuren zu hinterlassen, auch. Wer sich nicht bewegt, betreibt daher Raubbau an seinem Geist und Körper. Bin ich schlapp, andauernd krank, wirke ich blass oder bin extrem über- oder untergewichtig, hat das sofort eine Auswirkung auf meine Ausstrahlung. Wie wichtig diese ist, habe im vorangegangenen Abschnitt „Magnetism" beschrieben. Ihr Umfeld nimmt es wahr, wenn Ihre Gesundheit angeschlagen ist, psychisch wie oder physisch.

Schauen wir kurz auf unseren Bergsteiger oder Bergwanderer. Es bedarf einer Grundkondition, etwas Beweglichkeit und geistiger Fitness, um den Gipfel oder das Wanderziel zu erreichen. Eine wichtige Basis ist eine Grundkondition, um das Ziel physikalisch zu erreichen. Der Bergwanderer wählt in der Regel einen Rund- oder Höhenweg. Er weiß, wie lange die Wegstrecke unter normalen Wetterbedingungen dauert. Seine Kondition muss für diese Distanz reichen. Der Bergsteiger muss allerdings vorausschauend das Dreifache an Zeit einplanen, wenn er nicht vorhat, auf dem Gipfel zu übernachten. Er muss ja auch wieder vom Gipfel runtersteigen und falls eine auf der Route unvorhergesehene gefährdende Situation eintritt, einen Umweg konditionell meistern. Neben der Kondition spielt die Beweglichkeit, als weiterer Faktor auf der Tour, eine wesentliche Rolle. Ich habe noch keine Tour erlebt, auf der die Schritte immer gleich lang und gleich hoch waren. Mal braucht es kurze Schritte, mal sehr lange. Man steigt hoch, man steigt ab. Mal beugt sich der Körper nach vorne, mal nach hinten. Diese Beweglichkeit macht es erst möglich, sicher das Ziel zu erreichen. Der Vergleich mit der Beweglichkeit des Berggängers passt hervorragend auf jemanden, der Ziele hat und diese erreichen möchte. Eine Karriere geht nie geradlinig, wie auf dem Weg zum Gipfel geht es stetig bergauf und bergab. Mal geht es schneller, mal geht es langsamer. Solange ich das berufliche und persönliche Ziel, zum Beispiel das Erreichen des Gipfels, die neue Position oder was auch immer für mich wichtig ist, vor Augen habe, werde ich es mit Beweglichkeit, Ausdauer und Disziplin erreichen. Ein weiterer, wichtiger Faktor hierfür ist die „Weitsicht". Diese ist wie fast überall nötig, um strategische Entscheidungen zu treffen und das Ziel zu erreichen.

Machen Sie Gesundheit für sich zur Chefsache!

Sicher haben Sie schon von der Kondratieffs-Theorie der langen Wellen gehört. Die Weltwirtschaft bewegt sich in Wellen, die sich an den Bedürfnissen der Menschen, den Konsumenten, orientieren. Die erste Welle geschah um 1800 n. Chr., als der Wunsch nach Bekleidung entstand. Die Dampfmaschine wurde erfunden und die Textilindustrie entstand. Die nächsten beiden Wellen waren Transport und Massenkonsum. Die Eisenbahn fuhr erstmals von Nürnberg nach Fürth, die Stahl-, Chemie- und Elektroindustrie begann sich auszubreiten. Den vierten Kondratieff, die individuelle Mobilität, haben einige von Ihnen vielleicht noch miterlebt. Das Auto wurde auf einmal bezahlbar und wir tuckerten mit 27 PS über den Gotthard an die Adria. Erstmals waren viele Menschen nicht mehr nur auf öffentliche Verkehrsmittel angewiesen. Der fünfte Kondratieff ist vielen von uns allgegenwärtig, das Zeitalter der Informationstechnologie, Kommunikation und Digitalisierung. Vielleicht fragen Sie sich, warum ich im Kapitel Kraft und Gesundheit auf Kondratieff eingehe? Ganz einfach, weil der sechste Kondratieff, in dem wir uns gerade jetzt in der Anfangsphase befinden, psychosoziale Gesundheit als Bedürfnis hat. So bezeichnet man die ersten beiden Kondratieff-Zyklen als Industriezeitalter, die Zyklen drei bis fünf als Technologiezeitalter und den sechsten als Bewusstseinszeitalter. Im Industriezeitalter haben die großen Firmen über die kleinen gesiegt. Im Technologiezeitalter ging es um Geschwindigkeit. Der Schnellere gewann das Rennen und im heutigen Bewusstseinszeitalter werden die Gesunden gewinnen. Was nützt es Ihnen, wenn Sie die besten Produkte, die schnellsten Rechner, die effizientesten Prozesse haben, doch Ihre Gesundheit nicht mitspielt?

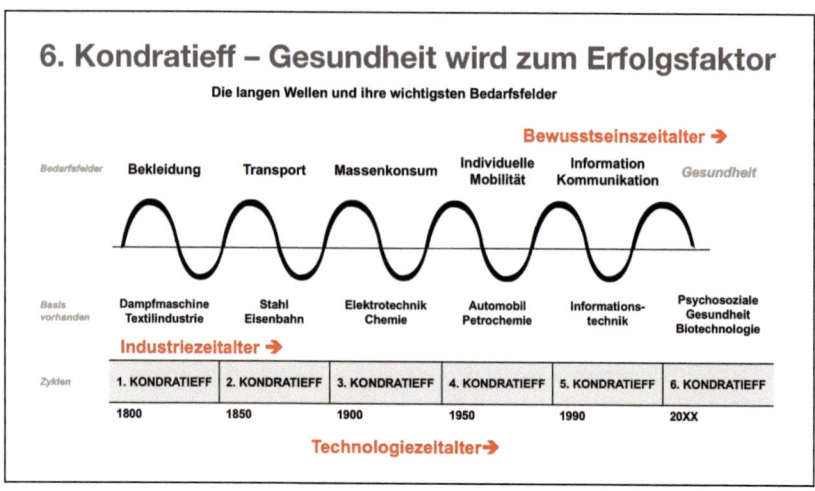

FRAGE: Achten und pflegen Sie Ihren Körper und gehen Sie präventiv mit Ihrer Gesundheit um?

Ist Ihre ehrliche Antwort JA, haben Sie schon sehr viel Weisheit erreicht und sind bereit, Ihren eigenen Weg zu gehen. Bei einem NEIN – willkommen im Präventionsmuffelclub. Gerade deutsche Männer meiden Präventivmaßnahmen, wo und wann immer sie können. Frauen dagegen sind etwas präventionsfreudiger. Leider muss immer erst ein Unglück passieren, bevor gehandelt wird. Eigentlich ist es erstaunlich, dass in Deutschland das Auto besser gewartet wird als der eigene Körper. Dabei lernen wir doch in der Schule, Ausbildung und im Studium, dass es kostengünstiger und effizienter ist, eine Maschine zu warten statt diese zu reparieren. Warum praktizieren wir das nicht mit unserem Körper?

TIPP: ERSTELLEN SIE EINE TO-DO-LISTE FÜR IHRE GESUNDHEIT

Fangen Sie an, Ihren Körper und Geist präventiv zu warten. Liefern Sie Ihrem Körper physische und psychische Nahrung. Gönnen Sie sich regelmäßig Pausen, schlafen Sie reichlich, trinken Sie ausreichend, machen Sie klare

Ansagen und denken Sie, wann immer möglich an etwas Schönes. Welche drei Punkte zur Prävention stehen auf Ihrer To-Do-Liste?

1.

2.

3.

Auf meiner To-Do-Liste steht für Frühjahr 2021, den Jakobsweg von Pamplona nach Santiago de Compostela zu gehen. Mein präventiver Beitrag für meinen Körper und Geist. Wer mitwandern möchte, ist herzlich eingeladen. Melden Sie sich bei mir.

Bedenken bezüglich meiner Idee? Lassen Sie sich meinen Vorschlag, mich auf dem Jakobsweg zu begleiten doch einmal durch den Kopf gehen, stellen Sie sich die Wanderung vor: Sie auf dem Weg, alleine, mit Rucksack, kurzer Hose und T-Shirt in der Sonne laufend, mit viel Natur um sich herum, Stille, Weite – ein herrlicher Gedanke, oder? Sie denken sich jetzt vielleicht: „Wow, das ist ein tolles Ziel. Da braucht man aber auch ganz schön Kondition! Es könnte schon cool sein, das zu machen. Jaaaa, ich habe schon so viel davon gehört. Der Hape Kerkeling hat das ja auch gemacht. Allerdings … das wird schon ganz schön anstrengend. Und ich habe doch gar keine Kondition? Und mit meiner Zeit, die ist ja auch so knapp. Ach nein, ich weiß nicht so recht."

Bei den meisten schaltet der Verstand sofort in den Modus, dass es ja anstrengend werden kann. Er lähmt Sie in Ihrem Handeln. Ich bin ganz bei Ihnen. Wer wünscht sich bei all der Hektik des Alltags nicht auch die ein oder andere Ruhepause. Doch es ist auch wichtig, auf seinen Körper zu achten und das geht nur, indem wir uns bewegen, ihn trainieren. Spätestens, wenn Sie schon bei einem kurzen Spaziergang in Atemnot geraten, ist es wichtig, sich auf sich selbst zu besinnen, sich die Frage zu stellen: „Möchte ich wirklich so weitermachen? Oder lieber doch etwas für mich tun?" Sie müssen ja nicht gleich auf einen Pilgerweg gehen, allerdings können Sie jeden Tag Fitness in Ihr Leben einbauen. Indem wir gemeinsam den „Pilgerweg light" gehen. Das kann ein kleiner Anfang sein, indem Sie zum Beispiel künftig die Treppe statt den Aufzug nehmen. Oder einmal die öffentlichen Verkehrsmittel nutzen und nicht direkt vor dem Firmengebäude parken. Dazu auch ab und an etwas Gesundes zu essen ist ein guter Anfang. Oder mit den Kindern gemeinsam zum Kindergarten laufen, statt sie mit dem Auto vor der Tür abzusetzen. Denken Sie daran, wir alle sind Vorbilder!

Neulich saßen Kinder bei uns im Wohnzimmer und sahen fern. Ich habe dann den Fernseher ausgeschaltet und gesagt: „Lasst uns ein bisschen spazieren gehen." Erstmal kamen unglaublich viele Gründe, warum das jetzt nicht geht: „Ich bin müde. Ich habe keine Lust. Es ist kalt draußen. Der Film ist bald aus, ich verpasse doch das Ende." usw. Ich habe meine jungen Besucher dann doch genötigt mitzukommen und bin mit ihnen in den Wald gegangen. Ich erzählte, dass ich alte, kleine Äste zum Basteln benötige. Mit jedem Schritt, den wir mehr in die Natur gingen, hatten die Kinder mehr Freude daran und wollten gar nicht mehr nach Hause. Es war ein wunderschöner Nachmittag des Miteinanders und der Bewegung. Wir versteckten uns hinter großen Bäumen, rannten manchmal lachend hintereinander her. Wir hatten so viel Spaß und die frische Luft tat so gut!

Daher: Es gibt so viele Möglichkeiten, wenn man offen dafür ist. Ihr Körper ist Ihr wichtigstes Gut, Ihr Tempel, der gepflegt werden möchte, der danach schreit, Schritt für Schritt in ein neues, körperliches Wohlbefinden zu gehen, einen neuen Anfang zu machen. Daher vielleicht für heute einfach einmal den Fernseher ausschalten und eine Runde um den Block laufen. Man mag es nicht glauben, aber das Leben findet tatsächlich draußen, vor der Tür statt! Und man trifft sogar Menschen!

P
E
R
F
O
R
M
E

REPETITION

Üben, üben, üben

Übung macht den Meister. Thomas Müller, einer der besten Fußballspieler unserer Zeit, wurde einmal von einem Reporter gefragt, warum er so gut Fußball spiele. Seine Antwort – für mich wenig überraschend –, er habe acht Stunden am Tag den Ball am Fuß, auch am Wochenende. Doch Sie haben es selbst erlebt: Nach der bestandenen Führerscheinprüfung sind Sie zwar berechtigt ein Fahrzeug im öffentlichen Straßenverkehr zu bewegen, aber Sie können noch lange nicht gut, vorausschauend und vor allem selbstsicher Autofahren. Das erlernen Sie erst mit den Jahren, mit jedem Kilometer, den Sie auf der Straße unterwegs sind. Dasselbe gilt für ein Baby. Es versucht immer und immer wieder aufzustehen, bis es endlich einmal stehen kann. Bis zu den ersten freien Schritten ist aber noch immer ein weiter Weg. Die Grundlage zum perfekten Können ist somit immer das Üben, Verbessern, Verfeinern.

Auch wenn ich als Bergsteiger einen neuen Gipfel in Angriff nehme, baue ich auf meine Erfahrungen auf, die ich an den vorangegangenen Gipfeln erleben durfte. So war mein erster Gipfel auch nicht gleich das Matterhorn, den ich bestiegen habe. Es fing in meinem Geburtsort im Schwarzwald hinter dem Haus an, am kleinen Hügel, dann kamen der Hornberg und schließlich der Feldberg. Die Berge, die ich bestiegen habe, wurden von Jahr zu Jahr höher. Je mehr ich übte und je mehr Erfahrung ich sammelte, wurden die Routen von Besteigung zu Besteigung immer schwieriger. Ich war oft in Kletterhallen zu Gast, habe unter fachmännischer Anleitung jeden Griff, jeden Schritt, jede Sicherung und jeden Knoten unzählige Male geübt, bis ich es verinnerlicht und perfektioniert hatte.

Die Klettertechnik ist ein wesentlicher Baustein, den ein Bergsteiger zur sicheren Gipfelbesteigung erlernen muss. Weitere Faktoren wie Kondition, gute Beweglichkeit und psychische Stärke, um gerade in unvorhergesehenen Stresssituationen gewappnet zu sein, werden antrainiert. Ausrüstungskenntnisse über Material, Kleidung, Schuhwerk und das Lesen und Interpretieren von Land- und Wetterkarten runden das Wissen eines erfahrenen Berggängers ab. Und trotzdem lernen wir auf jeder Tour was Neues dazu.

Jeder Schritt bringt neue Sichtweisen und Erkenntnisse!

PETER BUCHENAU

Auf dem Weg zum Erfolg gibt es keine Abkürzungen. Die Performer-Methode ist so aufgebaut, dass Sie Schritt für Schritt Ihrem Ziel näherkommen und es mit Disziplin auch erreichen werden. Egal, ob Sie diese Methode im privaten Kontext, auf Ihrem beruflichen Karriereweg oder zur Besteigung eines Gipfels anwenden, der Weg ist immer der gleiche. Es macht keinen Sinn, sich zuerst die Ausrüstung für eine Bergtour anzuschaffen, geschweige denn einen Bergführer zu mieten, wenn Sie noch nicht einmal wissen, welchen Berg Sie eigentlich besteigen wollen oder das Ziel für sich festgelegt haben, überhaupt einen Berg besteigen bzw. das Ziel erreichen zu wollen. Es macht auch keinen Sinn, Handwerker zu beauftragen und ein Baugrundstück zu erwerben, wenn Sie nicht wissen, wie Ihr Eigenheim aussehen soll oder ob Sie überhaupt bauen und sich örtlich festlegen wollen. Es macht auch keinen Sinn, sich beruflich weiterzubilden, Kurse und Seminare zu buchen, wenn Sie nicht wissen, welchen Beruf Sie ausüben und wo Sie in fünf Jahren beruflich stehen möchten.

Bevor Sie den ersten Schritt auf Ihrem eigenen Weg tun, fangen Sie mit der Zieldefinition an. Festigen und visualisieren Sie Ihr Ziel. Als zweiten Schritt werden Sie sich klar, wo Sie gerade – jetzt – stehen, was Ihre Ausgangsbasis ist und stellen Sie sich folgende Frage:

- Folge ich meinem Herzen?
- Möchte ich das von mir neu gesteckte Ziel erreichen?
- Wie ist meine Zielsetzung und Strategie?

Höre ich gerade von Ihnen einen Einspruch, das stimmt nicht? Dann erlauben Sie mir die Frage zu stellen: Warum stehen Sie dann noch da, wo Sie jetzt stehen, und vor allem, warum sind Sie noch nicht da, wo Sie eigentlich stehen wollen?

TIPP: FANGEN SIE AN

Die PERFORMER-Methode kann Ihnen helfen, leichter und schneller Ihr Ziel zu erreichen. Sie müssen sich nur an den von mir empfohlenen Ablauf halten. Fangen Sie immer mit der Zieldefinition an. Vor allem fangen Sie an sich zu bewegen, denn Erfolg besteht nach wie vor aus drei Buchstaben – TUN.

Nun haben Sie die neun Erfolgsparameter kennengelernt und sind bereit, die ersten Schritte auf Ihrem eigenen Weg zu gehen, um Spuren zu hinterlassen. Ob Sie diese nun anwenden, kann ich nicht überprüfen. Ich kann Ihnen mit diesem Buch nur die Schritte aufzeigen. Mein oberstes Ziel ist es, Sie zu befähigen und zu ermuntern, Ihren eigenen Weg zu gehen, damit Sie eigene Spuren hinterlassen können. In meinen Coachings und Mentorings wird strikt nach dieser Methode gearbeitet. Die Referenzen, die ich im Nachgang von den Coachees und Mentees erhalte, bestätigen, dass wir – meine Teilnehmer und ich – auf dem richtigen Weg sind, eigene Routen aus vollem Herzen und mit ganzer Kraft gehen und sinnvolle Spuren hinterlassen. Es ist immer wieder wunderbar zu erleben, wie sich Menschen entwickeln und persönlich wachsen, ihren Weg finden und dann auch erfolgreich gehen.

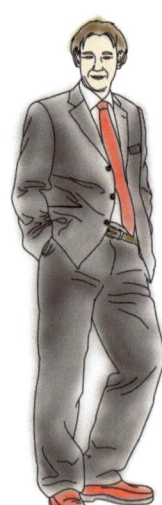

Purpose

Empowerment

Relationship

Flexibility

Optimism

Respect

Magnetism

Energy

Repetition

Zusammenfassend nachfolgend die Performer-Methode noch einmal im Schnelldurchlauf:

Purpose: Geben Sie Ihrer Aufgabe einen Sinn und definieren Sie Ihr Ziel!

Empowerment: Vertiefen Sie Ihr Wissen und werden Sie zum Spezialisten!

Relationship: Wählen Sie einen Sparringspartner, der Ihnen auf Ihrem Weg hilft!

Flexibility: Akzeptieren Sie, dass die Veränderung die einzige Konstante in Ihrem Leben ist!

Optimism: Treten Sie sich ruhig selbst immer wieder in den Hintern!

Respect: Respektieren Sie die Meinung und Sichtweisen anderer!

Magnetism: Wirken Sie wie ein Magnet und ziehen Sie Menschen an!

Energy: Bewegen Sie sich regelmäßig, bauen Sie innere Kraft und Stärke auf!

Repetition: Üben, üben, üben!

> **FRAGE: Sind Sie nun bereit, Ihren eigenen Weg zu gehen und haben Sie dazu Ihr Ziel definiert?**

Ist die Antwort JA, heiße ich Sie willkommen auf Ihrem Weg. Ich wünsche Ihnen viel Kraft, Freude und natürlich Erfolg. Bei einem NEIN werden Sie sich wirklich zuerst klar, ob Sie in Ihrer aktuellen Situation, in der Sie sich gerade beruflich, privat oder auch gesundheitlich befinden, zufrieden und glücklich sind. Sollten Sie es sein, dann ist das gut so und Sie sollten diesen Moment genießen. Bei einem erneuten NEIN – Sie sind unzufrieden –, dann es für Sie Schritt für Schritt die Performer-Methode anwenden und üben, üben, üben.

4

WISSEN VERMEHRT SICH, WENN MAN ES TEILT!

Indianer erzählten sich viele Geschichten am Lagerfeuer. Es ging einerseits darum, ihren Heldenmut, ihre Kühnheit, ihre Taten und Abenteuer oder auch ihre Verbundenheit zur Natur zu erzählen, auf der anderen Seite aber auch um die Weitervermittlung ihrer Erlebnisse, damit die nachfolgenden Generationen davon profitieren konnten. Die Indianer wussten, dass sich Wissen vermehrt, wenn man es teilt. Ich kann das heute nur bestätigen und verstehe Menschen nicht, die es sich zur Lebensaufgabe gemacht haben, ihr Wissen zu hüten wie den heiligen Gral. Fördern Sie Menschen – egal, ob privat oder beruflich –, indem Sie Wissen, Informationen und Erfahrungen offen teilen. Nehmen fängt nach wie vor mit Geben an.

Wissen ist heute nicht mehr Macht. Macht haben die Menschen, die es schaffen, eine magnetische Wirkung auf ihre Mitmenschen auszustrahlen. Menschen mit Macht sind in ihrer Art einzigartig, unverwechselbar, sind Persönlichkeiten und zu ihrer eigenen Marke geworden, ob die Marke gut oder schlecht ist, mag ich nicht zu beurteilen.

In meinen Tagen als Vertriebsleiter versuchte ich oft vergebens, den Vertriebsmitarbeitern diese Philosophie der Anziehungskraft, des „Gekauft-Werdens", verständlich zu machen. „Sie müssen nichts verkaufen, Sie müssen gekauft werden!", betete ich immer.

Doch viele Unternehmer, Vertriebsleiter und Vertriebsmitarbeiter sind nicht bereit für Veränderungen. Veränderung bedeutet Bewegung, Bewegung bedeutet Arbeit und jeder Mensch ist vom Grunde her bequem. Wozu sich also verändern? Es ging doch alles gut, die letzten Jahre.

So drängen nach wie vor viele Vertriebsverantwortliche ihre Mitarbeiter zum Verkaufen. Verlangen immer höhere und irgendwann unmöglich zu erreichende Verkaufsumsätze. Das Verkaufen ist letztlich nur das Ergebnis der Ausstrahlung eines Produkts oder einer Person. Ist ein Produkt – und dazu zähle ich nun auch das produzierte Gut, eine Dienstleistung und den Faktor „Mensch" – hervorragend und hat es sich zur Marke entwickelt, verkauft es sich von selbst. Erfolgreiche Verkäufer arbeiten an sich selbst, nicht am Produkt und schon gar nicht am Kunden.

Einige meiner Geschichten, die ich in unterschiedlichsten Lebensstationen erlebt habe, konnten Sie in diesem Buch lesen. Ich teile gern und ich gebe gern. Das werden Ihnen meine Coachees und Mentees bestätigen. Ich gebe mein ganzes Wissen preis und freue mich, wenn es unter anderen Bedingungen eingesetzt wird, Anwendung findet und Erfolg bringt. Ich bin mir sicher, Sie haben sich in der einen oder anderen Geschichte wiedergefunden. Sie sehen jetzt Ihre eigene Geschichte mit Weitsicht, aus einem anderen Blickwinkel, sind inspiriert und neue Ideen keimen in Ihnen auf. Meine eigene Aufgabe, meine Vision, mein Ziel, die ich mir gestellt habe, ist es, erfolgreiche Menschen –, und das jetzt nicht monetär betrachtet – in sich erfolgreicher zu machen. Oft werde ich nach meinen Vorträgen und Seminaren gefragt: „Herr Buchenau, aber was machen Sie mit den nicht erfolgreichen Menschen?" Auf diese Frage antworte ich mit einem Lächeln auf dem Gesicht: „Wenn diese Menschen bereit für eine Veränderung sind, mache ich diese auch erfolgreich, nur dann wird es teurer."

„First never follows!" – Werden Sie selbst der Erste!

Erinnern Sie sich noch an die Anfangsgeschichte in diesem Buch, als ich mit Martin auf dem Gipfel des Wildstrubels im Berner Oberland stand? Wechseln Sie nun Martin im Geiste gegen sich aus. Erleben Sie, wie Ihnen der kalte Wind nun auf über 3000 Metern um die Ohren pfeift, wie gerade jetzt die Sonne über dem Bergrücken aufgeht und der erste Sonnenstrahl Sie trifft. Schlagartig wird Ihnen warm, auch in Ihrem Herzen. Sie haben mich nun längere Zeit begleitet, wir sind früh aufgewacht, haben gemeinsam gefrühstückt und haben den steilen und schweren Aufstieg hinter uns gebracht. Wir waren gut vorbereitet, hatten die perfekte Ausrüstung dabei, haben gekämpft und uns gegenseitig angetrieben. Das Ziel, der Wildstrubel, ist erreicht. Eine kleine Verschnaufpause, ein kleiner Eiweißriegel, ein warmer Schluck Tee. Vor uns liegt die unberührte weiße Schneelandschaft. Kein Mensch hat vor uns hier Spuren hinterlassen. Der Tiefschnee ist „jungfräulich", wie wir Skifahrer sagen. Sie nehmen diese wunderbare Situation wahr, atmen noch einmal tief durch. Sie fahren los, kommen in Schwung, fühlen die unbeschreibliche Einheit mit sich selbst, der Natur, dem Schnee, den Skiern, dem Körper und Geist. Sie legen Ihre eigene Spur. Ich bin gespannt, was Sie berichten. Welche Abenteuer Sie erleben. Und noch mehr bin ich darauf gespannt, wie Sie Ihr Ziel definiert, Ihren Weg gegangen und es letztlich erreicht haben.

Schließen möchte ich mit den Worten des großen Frank Sinatra:

I DID IT MY WAY![2]

Und jetzt naht das Ende,
Und vor mir liegt der letzte Vorhang.
Mein Freund, ich stelle klar,
Und lege meinen Fall, dessen ich mir sicher bin, dar:

Ich habe ein erfülltes Leben gelebt.
Ich habe so ziemlich jede Erfahrung gemacht,
Und mehr, viel mehr als das:
Ich hab's auf meine Art getan.

Bereut habe ich einiges –
Aber dann auch wieder zu wenig, um es zu erwähnen.
Ich tat, was ich tun musste,
Und habe alles, – ohne Ausnahme –, zu Ende gebracht.
Ich plante jedes Vorhaben
sorgfältig, bis ins Detail.
Und mehr, viel mehr als das:
Ich hab's auf meine Art getan.

Ja, es gab Zeiten –
Ich bin sicher, das hast du gemerkt –
Da habe ich mich übernommen.
Aber dennoch, wenn ich auch an manchem zweifelte –
Ich hab's geschluckt und dann ausgespuckt.
Ich habe mich allem gestellt,
Blieb standhaft,
Und tat es auf meine Art.

Ich habe geliebt, habe gelacht und habe geweint.
Ich hatte auch genug an Niederlagen wegzustecken.

Und jetzt, wo die Tränen verflogen sind,
Kann ich sogar darüber lachen.
Mir vorzustellen, dass ich all das getan habe –
Da sage ich – wenn ich darf – gar nicht mal schüchtern:
„Oh nein, oh nein, ich doch nicht.
Ich hab's auf meine Weise getan."

Denn: Was ist ein Mann, was hat er denn schon?
Wenn nicht sich selbst, so hat er nichts.
Das zu sagen, was er wirklich fühlt,
Und nicht mit den Worten eines dessen, der kniet.
Die Bilanz zeigt: Ich habe einstecken müssen –
Aber ich hab es auf meine Weise getan.

Ja, auf meine Weise.

Danke, Frank Sinatra.
Besser kann mein Buch nicht enden!

---

[2] Quelle: http://www.songtexte.com/uebersetzung/frank-sinatra/my-way-deutsch-3d6a9d3.html

Danke

Ein Buch zu schreiben und ein Buch zu lesen bedeutet sich viel Zeit zu nehmen. Zeit, auf die so manch anderer verzichten muss. Als erstes bedanke ich mich bei Ihnen, liebe Leserinnen und Leser, dass Sie mir Ihr wertvollstes Gut, Ihre Zeit geschenkt haben, um meine Geschichten zu lesen. Ich freue mich auch sehr darüber, wenn Sie Zeit finden, dieses Buch in den betreffenden Medien zu rezensieren, es an Freunde, Bekannte und Veränderungswillige weiterempfehlen.

Ich bedanke mich an dieser Stelle ganz herzlich für das Verständnis meiner Lebensgefährtin Bettina, die auf unzählige Stunden, Tage und Nächte mit mir verzichten durfte. Besonderer Dank geht auch an meine zwischenzeitlich gute Freundin Kerstin Fischer, die viel Zeit in das Redigieren investierte und mich bei der Umsetzung des Buches unterstützte. Danke auch an Tugce Yalcin, die die Grafiken zu diesem Buch beisteuerte. Bedanken möchte ich mich auch bei meinen Mentoren Jorge, Diana und Luzia, welche mich ermutigten, über dieses Thema zu schreiben. Danke auch an den metro**politan** Verlag, der an mich glaubt und insbesondere der Lektorin Melanie Krieger, mit der ich mich zum Erfolg dieses Buches austauschen durfte.

Somit an Sie alle: Danke, Danke, Danke. Ich freue mich, wenn Sie bei sich angekommen sind und Ihrer Spur folgen, wenn Sie Ideen und Inspirationen aufgenommen und umgesetzt haben. Ich freue mich, wenn Sie mir von Ihren Erfahrungen berichten und mich daran teilhaben lassen. Gerne können Sie mir Ihre Kommentare senden an: spur@peterbuchenau.de

Ein neues Ziel habe ich mir bereits selbst gesteckt und bin dabei, neue Routen zu entdecken, weitere Gipfel zu erklimmen, neue Erfahrungen zu machen. Dabei bleibe ich meiner Spur treu und folge ihr. Mein neues Ziel wird mein letztes Buch sein: Den Titel wollen Sie wissen? Nein, der wird noch nicht verraten. Es steht schon in den Startlöchern und meine Finger zum Schreiben sind ja jetzt schon auf Betriebstemperatur. Freuen Sie sich darauf!

Peter Buchenau

Peter Buchenau

Peter Buchenau gilt als der Indianer in der deutschen Redner-, Berater- und Coaching-Szene. Er versteht es wie kaum ein anderer, auf sein Gegenüber einzugehen, es zu analysieren, zu verstehen und mit ihm zu fühlen. Er liest Fährten, entdeckt Wege und bringt Zuhörer und Klienten auf den richtigen Weg. Peter Buchenau ist Ihr Gefährte, er begleitet Sie bei der Umsetzung Ihres Weges, damit Sie Spuren hinterlassen – Spuren, an die man sich noch lange erinnern wird.

Auf der einen Seite Vollblutunternehmer und Geschäftsführer, auf der anderen Seite Sparringspartner, Mentor, Autor, Kabarettist und Dozent an Hochschulen. In seinen Büchern, Coachings und Vorträgen verblüfft er seine Leser und Teilnehmer mit seinen einfachen und schnell nachvollziehbaren Beispielen. Er versteht es vorbildhaft und effizient, ernste und kritische Sachverhalte so unterhaltsam und kabarettistisch zu präsentieren, dass die emotionalen Highlights und Pointen zum Erlebnis werden.

Tugce Yalcin

Tugce Yalcin ist Doppel-Stipendiatin mit Bachelor of Arts Abschluss an der Media Design Hochschule Düsseldorf. Bereits im Studium hat sie Projekt-leitungen übernommen und war als Art Direktorin tätig. Seit 2014 ist sie selbstständig als Medien Designerin mit Schwerpunkten in Visualisierung, Fotografie, Corporate Identity und Konzeption Werbung. Internationale Aufträge seit 2016.